# Mein Musik Lapbook

## Instrumente, Notenlehre & Komponisten

Doreen Blumhagen

Kopiervorlagen zum Schneiden, Falten und Weitergestalten

Verlag an der Ruhr

**Titel**

Mein Musik-Lapbook – Instrumente, Notenlehre und Komponisten

*Kopiervorlagen zum Schneiden, Falten und Weitergestalten*

**Autorin**

Doreen Blumhagen

**Umschlagmotive und Motive im Innenteil**

Minibuch-Bildvorlagen siehe ©-Vermerke im Innenteil,

Lapbookgestaltung Vorder- und Rückseite: © Sophie und Doreen Blumhagen,

Fotos Vorderseite/Rückseite: © Doreen Blumhagen,

Instrumente, Noten, Notenschlüssel: © samuii – Fotolia.com,

Schere: © Verlag an der Ruhr

**Druck**

Heenemann GmbH & Co. KG, Berlin, DE

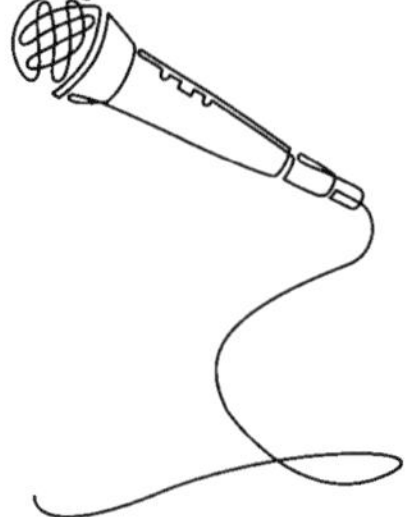

**Verlag an der Ruhr**
Mülheim an der Ruhr
www.verlagruhr.de

**Geeignet für die Klassen 2–4**



**ISBN 978-3-8346-4165-6**

# Inhalt



## Kopiervorlagen

# Methodische und didaktische Hinweise

## Lapbook – Was ist das?

In einem Lapbook dokumentieren und präsentieren die Kinder ihre Lern- und Arbeitsergebnisse in einer individuellen Entdeckermappe. Diese mehrfach aufklappbaren Mappen enthalten viele verschiedene Minibücher mit Informationen zu einem Gesamtthema. Das Besondere daran ist, dass diese Minibücher z. B. zuerst aufgeklappt, gedreht oder durchgeblättert werden müssen, um die Informationen lesen zu können, wodurch die Neugier beim Lesenden geweckt wird. Solche Minibücher können z. B. kleine Hefte, Drehscheiben, Pop-up-Karten, Umschläge, Leporellos oder Faltbücher sein.

Diese werden von den Kindern selbstständig bastelnd, malend und schreibend zu den Teilthemen gestaltet. Dabei kann es sich z. B. um Zeichnungen, Texte, Grafiken oder Steckbriefe handeln.

Die fertigen Minibücher werden von den Kindern gesammelt und auf einen Tonkarton, meist in der Größe DIN A3, geklebt. Der Tonkarton selbst wird auf DIN-A4-Größe gefaltet. Auf diese Weise entsteht ein großes Buch mit vielen kleinen Büchern.

Die Bezeichnung „Lapbook" bedeutet, dass die Mappe nur so groß ist, dass sie auf dem Schoß (engl. „lap") des Kindes Platz hat.

## Vorteile eines Lapbooks

Durch die optische Besonderheit und den Bastelaspekt ist die Erstellung eines Lapbooks für die Kinder sehr **motivierend**, da sie die Möglichkeit haben, etwas Einzigartiges und Individuelles zu gestalten.

Die Kinder arbeiten **selbstständig** und setzen sich **vertieft** mit einem Thema auseinander.

Lapbooks können zu **allen Sachthemen**, aber auch **Übungsthemen** des Grundschulunterrichts angefertigt werden.

Die Gestaltung eines Lapbooks kann in **verschiedenen Unterrichtsformen** integriert werden. So ist der Einsatz sowohl als Ergebnissicherung im lehrerzentrierten Unterricht als auch als selbstständige Aufgabe im offenen Unterricht denkbar.

Lapbooks ermöglichen es, Themen **differenziert und individuell** zu erarbeiten. So können leicht unterschiedliche Schwierigkeitsgrade durch Impulse und Aufgabenstellungen gesteuert werden. Die Kinder haben die Möglichkeit, Teilthemen auszuwählen und auf verschiedene Art und Weise zu präsentieren. Sie können leicht eigene Ideen einbringen.

Die Erstellung eines Lapbooks kann in **Einzel-, Partner- oder Gruppenarbeit** erfolgen und eignet sich dadurch auch für den **inklusiven Unterricht**.

Bei der Präsentation eines Lapbooks wird aufgrund des interaktiven Aspekts die **Neugier** bei dem Betrachter geweckt, immer wieder etwas Neues zu entdecken.

Lapbooks sind nach der Erarbeitung auch ideal zum **Lernen und Wiederholen** von Inhalten. Die Lösungen sind durch die Klappen zunächst abgedeckt. Die Kinder nennen die Lösungen und können diese eigenständig durch das Öffnen überprüfen.

Durch die Minibücher können **viele Informationen** zu einem Thema auf **wenig Platz** präsentiert werden. Das Lapbook wird auf DIN-A4-Größe gefaltet und passt, im Gegensatz zu einem herkömmlichen Plakat, in jeden Hefter.

Als praktikabel hat sich die Aufbewahrung in einer Prospekthülle erwiesen.

# Hinweise zum Einsatz des „Mein Musik-Lapbooks"

## Thematische Inhalte

In ihrem Musik-Lapbook sammeln, dokumentieren und präsentieren die Kinder ihre Lern- und Arbeitsergebnisse zu verschiedenen Lernbereichen des Musikunterrichts.

42 Faltvorlagen bieten den Kindern Faltanleitungen und Impulse zur selbstständigen Erarbeitung der folgenden Schwerpunkte:

1. **Musik und ich:** Reflexion des eigenen Umgangs mit Musikvorlieben
2. **Notenlehre:** wichtige Grundlagen der Notenlehre (Noten, Notennamen, Notenschlüssel, Notensystem, Notenwerte, Pausenwerte, Taktarten)
3. **Instrumente:** Instrumentengruppen und deren Bau- und Spielweise, ein Instrument zur Vertiefung aus jeder Gruppe, Sinfonieorchester
4. **Komponisten und ihre Werke:** berühmte Komponisten im Überblick, vorstellen eines Komponisten, vorstellen und beschreiben von Musikstücken

Die Schwerpunkte können dabei einzeln behandelt oder miteinander kombiniert werden:

⇨ Die Kinder gestalten während einer Unterrichtseinheit oder als Wiederholung ein Lapbook zu einem der Schwerpunkte, z. B. Notenlehre.

⇨ Die Kinder erarbeiten sich selbstständig ein Lapbook zu einem selbst gewählten Komponisten und seinen Werken.

⇨ Die Kinder gestalten über ein oder mehrere Schuljahre ein Lapbook zu einem Schwerpunkt, z. B. Instrumenten-Lapbook: Immer wenn im Musikunterricht eine Instrumentengruppe oder ein bestimmtes Instrument behandelt wird, wird dazu ein Minibuch erarbeitet und in das Lapbook eingeklebt.

⇨ Die Schwerpunkte werden miteinander kombiniert und das Lapbook als Portfolio zum gesamten Musikunterricht geführt. Die einzelnen Schwerpunkte können dazu durch das Aneinanderkleben von mehreren Lapbook-Umschlägen (siehe S. 13) strukturiert werden.

## Einsatz im Unterricht

### 1. Präsentieren fertiger Lapbooks

Wenn die Kinder die Lapbook-Methode noch nicht kennen, sollten Sie ihnen bereits fertige Musik-Lapbooks (von Vorgängerklassen oder ein von Ihnen gestaltetes Lapbook) zum Stöbern und Entdecken zur Verfügung stellen. Sollte dies nicht möglich sein, können Sie auch die Fotos auf S. 13 dieses Materialbandes zeigen.

### 2. Zielorientierung

Informieren Sie die Kinder darüber, dass Sie gemeinsam mit ihnen ein Musik-Lapbook gestalten möchten. Geben Sie Hinweise zur genauen Vorgehensweise (z. B. Zeitraum, Inhalt, Bewertung).

### 3. Falten und Gestalten des Lapbook-Umschlags

Falten Sie gemeinsam mit den Kindern den Lapbook-Umschlag. Dafür wählen sich die Kinder Tonkarton in ihrer Lieblingsfarbe aus.
Füllen Sie gemeinsam mit den Kindern die Namensschilder (S. 15) aus. Die Kinder gestalten die Vorlage farbig. Sie wird anschließend auf die Titelseite des Lapbooks geklebt.

### 4. (Selbstständiges) Arbeiten an den Minibüchern

Die Lapbook-Arbeit kann in Einzel-, Partner-, oder Gruppenarbeit durchgeführt werden. Damit jedes Kind auf das erarbeitete Wissen zurückgreifen kann, sollte es auch während einer Gruppenarbeit ein eigenes Lapbook gestalten.
Die Kinder erarbeiten (je nach Vorgehensweise) ihre Minibücher im Musikunterricht und kleben diese in ihr Lapbook ein.

Dabei können Sie unterschiedlich vorgehen:

⇨ Die Kinder gestalten die Minibücher **während eines Stationsbetriebs** selbstständig. Dafür wird für einzelne Stationen jeweils ein vorgegebenes Minibuch bearbeitet.

⇨ Die Kinder erarbeiten sich die Themen in ihrem **individuellen Tempo** im **offenen Unterricht.**

⇨ Die Kinder gestalten ihr Lapbook als **Wiederholung** am Ende einer Unterrichtseinheit oder im nächsten Schuljahr. Dabei werden neue Inhalte ergänzt.

### 5. Präsentation

Fertige Lapbooks können unterschiedlich präsentiert werden. Zum Beispiel können sie …

⇨ im Klassenzimmer ausgelegt und von den Kindern betrachtet werden,

⇨ inhaltich in einem Kurzvortrag vorgestellt werden,

⇨ von den Kindern mithilfe von Impulsfragen kurz vorgestellt werden (Was gefällt mir an meinem Lapbook besonders gut? Was hat mir Spaß gemacht? Was ist mir schwergefallen?),

⇨ zum Elternabend den Eltern vorgestellt werden.

### 6. Leistungseinschätzung

Für die Lapbook-Arbeit bietet sich eine prozess- und ergebnisorientierte Leistungseinschätzung mit einem **Bewertungsbogen** (S. 17) an, um den Kindern eine Rückmeldung zu ihrem Lernprozess zu geben. Mögliche Kriterien sind:

⇨ Arbeitsverhalten während der Gestaltung

⇨ Gestaltung (schneiden, falten, kleben, malen) des Lapbooks

⇨ Inhaltliche Erarbeitung (Richtigkeit der Ergebnisse, Finden eigener Aufgaben)

**TIPP 1: Um die Kinder ebenfalls dazu anzuregen, ihren eigenen Lernprozess zu reflektieren und ihr Lapbook einzuschätzen, bietet sich ein Bogen zur Selbstreflexion an (S. 16).**

**TIPP 2: Geben Sie den Selbstbewertungsbogen bereits in den letzten Stunden vor der Abgabe des Lapbooks an die Kinder aus, damit sie die Möglichkeit haben, noch Veränderungen an ihrem Lapbook vorzunehmen. Der Bogen kann, mehrmals gefaltet, mit in das Lapbook geklebt werden. Der Bewertungsbogen (S. 17) kann auf der Lapbook-Rückseite aufgeklebt werden.**

### 7. Weiterer Einsatz des Lapbooks im Unterricht

Das Lapbook wird zur Sammlung des musikalischen Grundwissens und wichtiger Fachbegriffe und immer wieder zum Nachschlagen und Wiederholen eingesetzt.

Bei den Minibüchern werden die Informationen zu den Stichwörtern durch die Klappen zunächst abgedeckt. Die Kinder nennen die Lösungen und können diese durch Öffnen des Minibuchs selbst kontrollieren.

**Bevor das Lapbook zum Üben eingesetzt wird, sollten Sie die eingetragenen Ergebnisse auf Richtigkeit überprüfen!**

**TIPP: Damit das Lapbook immer zur Verfügung steht, bietet es sich an, es in einer dickeren Prospekthülle im Hefter aufzubewahren.**

## Benötigtes Material

### Material für den Umschlag

- mind. 1 farbiger DIN-A3-Karton je Kind
- mind. 1 farbiges DIN-A4-Kopier- oder Tonpapier je Kind
- DIN-A4-Tonkarton und Tonkartonreste zum Ankleben von zusätzlichen Klappen.

**TIPP: Für das Anbringen von Klappen eignet sich am besten breites Papier- oder Stoffklebeband (z. B. farbiges Malerkrepp). Rechnen Sie damit, dass die Kinder beim Befestigen der Klappen Ihre Hilfe benötigen.**

Wenn Sie sehr viele Minibücher mit den Kindern umsetzen möchten, bietet es sich an, zwei Umschläge in Grundfaltung an den Seitenklappen zusammenzukleben (siehe Foto S. 13).

## Material für die Minibücher

Für die Gestaltung der meisten Faltvorlagen benötigen die Kinder **Kleber, Schere sowie Bunt- und Schreibstifte**. Für Drehelemente werden außerdem oft **Musterbeutelklammern** eingesetzt. Es bietet sich zudem an, ein **Heftgerät** zur Verfügung zu stellen. Benötigtes Zusatzmaterial wird in der Gesamtübersicht (S. 8–12) aufgeführt.

**TIPP: Um den Kindern das Falten der Minibücher zu erleichtern, können Sie Muster vorbasteln und als Anschauungsbeispiel (ohne Inhalt) zur Verfügung stellen. Diese können Sie z.B. auf einem Plakat, in mehreren Lapbooks oder auf Karteikarten zentral im Klassenzimmer bereitstellen.**

**TIPP: Aufgrund der Vielfalt der Kopiervorlagen ist es möglich, eine Vorauswahl zu treffen und Pflicht- und Wahlthemen festzulegen. Durch das Auswählen von Teilthemen können die Kinder differenziert und individuell arbeiten. Zusätzliche Leervorlagen können zur Gestaltung eigener Ideen angeboten werden (Vorlagen siehe Buch „Lapbooks im Grundschulunterricht", ISBN 978-3-8346-3790-1).**

## Infomaterial

Im Materialteil finden Sie **17 Infokarten**, mit denen sich die Kinder alle vorgeschlagenen Impulse selbstständig erarbeiten können. Für die vorgeschlagenen Musikstücke „Die Zauberflöte" und „Die vier Jahreszeiten" sollten Sie Hörbeispiele zur Verfügung stellen.

Werden die Infokarten für eine Faltvorlage benötigt, ist dies auf der Kopiervorlage angegeben.

**TIPP: Vergrößern und laminieren Sie die Infokarten im DIN-A4-Format.**

Für die inhaltliche Erarbeitung können Sie auch mit dem in der Klasse üblichen Unterrichtsmaterial, wie Lehrbüchern oder Arbeitsheften arbeiten. Auch die Kombination mit einer interaktiven Tafel ist möglich.

**Hinweis:** Die Faltvorlagen des Schwerpunktes „Komponisten und ihre Werke" sind so gestaltet, dass Sie diese auch für andere Komponisten und Werke einsetzen können, die Sie mit den Kindern im Musikunterricht behandeln. Das entsprechende Infomaterial dazu müssten Sie zusätzlich zur Verfügung stellen!

**Legende der verwendeten Linien und Symbole:**

Hier musst du schneiden, falten und kleben.

Für diese Aufgabe brauchst du eine Infokarte.

Für diese Aufgabe brauchst du ein Musikstück als Hörbeispiel.

Bitte in Büchern oder im Internet nachsehen.

Für diese Aufgabe brauchst du Musikinstrumente.

Klebeflächen: *Klebefläche Lapbook*

Schneidelinie: — — — — — — —

Faltlinie: ..............................

Kreis für Musterbeutelklammer:

Ansatzstellen für Heftgerät: —— ——

# Übersicht der Kopiervorlagen

## Allgemeine Vorlagen

| Material | Beschreibung | Verwendungsmöglichkeiten | Zusatzmaterial |
|---|---|---|---|
| **Faltanleitung Lapbook** (S. 14) | Anleitung zum Falten eines einfachen Umschlags | ➔ Kopien für die Kinder<br>➔ gemeinsames Falten beim erstmaligen Gestalten eines Lapbooks | für jedes Kind:<br>➔ mind. ein farbiger DIN-A3-Karton<br>➔ mind. ein farbiges DIN-A4-Blatt |
| **Deckblatt** (S. 15) | Vorlagen für das Deckblatt mit Titel, Name, Klasse, Datum | ➔ Kopien für die Kinder<br>➔ Vorlage als Beispiel | |
| **So ist mein Musik-Lapbook** (S.16) | Einschätzung ihres eigenen Lernprozesses durch die Kinder während der Erstellung bzw. nach Fertigstellung des Lapbooks | ➔ Kopien für die Kinder<br>➔ Selbsteinschätzung der Lapbook-Arbeit durch die Kinder anhand von Smileys<br>**Tipp:** 2-mal mittig falten und als Minibuch mit in das Lapbook oder auf die Lapbook-Rückseite kleben. | |
| **So ist dein Musik-Lapbook** (S. 17) | Einschätzungsbogen zum prozess- und ergebnisorientierten Bewerten des Lapbooks | ➔ Bewertungskriterien vorher besprechen<br>**Tipp:** Bewertungsbogen auf die Rückseite des Lapbooks kleben oder zusammenrollen und als Rolle in das Lapbook kleben. | |

## Infokarten (S. 18–26)

| Nr. | Thema | Verwendungsmöglichkeiten | Benötigtes Zusatzmaterial |
|---|---|---|---|
| **Infokarte 1** | Noten und Notenwerte | ➔ 17 Sachtexte und Methodenkarten für die inhaltliche Bearbeitung der Minibücher<br>➔ Karten möglichst auf DIN A4 kopieren und zum mehrmaligen Gebrauch laminieren<br>➔ zur selbstständigen Erarbeitung im Klassenzimmer als Kartei zur Verfügung stellen oder als Kopie für die Kinderhand ausgeben | ➔ Laminierfolien oder Prospekthüllen<br>➔ Karteikasten |
| **Infokarte 2** | Das Notensystem | | |
| **Infokarte 3** | Pausen und Pausenwerte | | |
| **Infokarte 4** | Takt und Taktarten | | |
| **Infokarte 5** | Stabspiel und Tastatur | | |
| **Infokarte 6** | Saiteninstrumente | | |
| **Infokarte 7** | Blasinstrumente | | |
| **Infokarte 8** | Tasteninstrumente | | |
| **Infokarte 9** | Schlaginstrumente | | |
| **Infokarte 10** | Geige und Gitarre | | |
| **Infokarte 11** | Blockflöte und Trompete | | |
| **Infokarte 12** | Orff-Instrumente | | |
| **Infokarte 13** | Das Sinfonieorchester | | |
| **Infokarte 14** | Wolfgang Amadeus Mozart | | |
| **Infokarte 15** | Antonio Vivaldi | | |
| **Infokarte 16a** | Vorhang auf: Die Zauberflöte | | |
| **Infokarte 16b** | Vorhang auf: Die Zauberflöte | | |
| **Infokarte 17** | Programm-Musik | | |

# Übersicht der Faltvorlagen

## Musik und ich

| Faltvorlage | Inhaltliche Schwerpunkte | Hinweise | Zusatzmaterial (Lehrer) |
|---|---|---|---|
| **Meine Körper-instrumente** (S. 27) | → verschiedene Möglichkeiten von Körperinstrumenten benennen<br>→ eigene Körper-Musik komponieren | | |
| **Wie klingt ...?** (S. 28) | → verschiedene Gefühle mit Orff-Instrumenten umsetzen | Die Kinder sollten die Möglichkeit bekommen, die verschiedenen Instrumente selbst auszuprobieren, um passende musikalische Umsetzungen zu finden. | → Orff-Instrumente<br>→ Infokarte 12<br>→ Heftgerät |
| **Mein Musik-Tagebuch** (S. 29) | → eigenes Hörverhalten von Musik im Tagesablauf reflektieren | | |
| **Meine Lieblings-musik** (S. 30) | → Lieblingslieder und Musik nennen, reflektieren und begründen<br>→ CD-Hülle passend zu Musikvorlieben gestalten | | Musterbeutel-klammern |
| **Mein Instrument** (S. 31) | → Vorstellen eines Instrumentes, das die Kinder lernen oder gerne lernen möchten<br>→ Vorliebe und Üben mit dem Instrument reflektieren | Die Kinder können Fotos von sich mit ihrem Instrument ins Lapbook kleben. | → Infokarten 5–12<br>→ evtl. Foto der Kinder mit ihrem Instrument |

## Notenlehre

| Faltvorlage | Inhaltliche Schwerpunkte | Hinweise | Zusatzmaterial (Lehrer) |
|---|---|---|---|
| **Wie sehen Noten aus?** (S. 32) | → Bezeichnung und Teile von Noten kennen und benennen (Kopf, Hals, Fähnchen, Balken) | | Infokarte 1 |
| **Der Notenschlüssel** (S. 33) | → Bedeutung des Notenschlüssels im Notensystem kennen<br>→ Violinschlüssel schreiben lernen | | Infokarte 2 |
| **Die Notenwerte** (S. 34) | → Kennen der ganzen Note, halben Note, Viertelnote und Achtelnote und diese anhand des Aussehens unterscheiden<br>→ Kennen der Notenwerte als Spiellänge eines Tones | | Infokarte 1 |
| **Das Notensystem** (S. 35) | → Aufbau des Notensystems kennenlernen.<br>→ Lage der Töne und ihrer Namen im Notensystem üben.<br>→ Notenschlüssel nachspuren | | → Infokarte 2<br>→ je Kind 30 cm langer Faden |
| **Die C-Dur-Tonleiter** (S. 36) | → C-Dur-Tonleiter auf der Klaviatur benennen<br>→ Töne der C-Dur-Tonleiter im Notensystem eintragen | Die Klaviaturvorlage kann von den Kindern als „Trockenübung" genutzt werden, um Melodien zu spielen. Dazu summen die Kinder die Töne leise mit. | → Infokarte 2<br>→ Infokarte 5 |

| | | | |
|---|---|---|---|
| **Die Pausenwerte** (S. 37) | ➜ Kennen der ganzen Pause Note, halben Pause, Viertelpause und Achtelpause und diese anhand des Aussehens unterscheiden<br>➜ Kennen der Pausenwerte als Stillezeichen in der Musik | | Infokarte 3 |
| **Die Taktarten** (S. 38/39) | ➜ Kennen der Fachbegriffe Takt, Taktstrich und Taktarten<br>➜ 2/4-, 3/4- und 4/4-Takte mithilfe von Noten- und Pausenwerten selbst zusammenstellen<br>➜ betonte/unbetonte Schläge und Zählweise von Taktarten | Bei Bedarf können nicht behandelte Taktarten vor dem Kopieren abgedeckt werden.<br>Zur Differenzierung kann das Material nur mit Notenwerten (Die Taktarten S. 39 oben) oder in Kombination mit den Pausenwerten (Die Taktarten S. 39 unten) angeboten werden. | ➜ Infokarte 4<br>➜ Infokarte 1 |
| **Töne auf dem Stabspiel** (S. 40) | ➜ Notennamen auf dem Stabspiel benennen<br>➜ Tonwiederholungen, Tonschritte und Tonsprünge kennen und eigene Beispiele dafür finden | Das Stabspiel kann mithilfe von selbstgebastelten Schlägeln als „Trockenübung" eingesetzt werden. | ➜ Infokarte 5<br>➜ je Kind 2 Wattestäbchen |

## Instrumente

| Faltvorlage | Inhaltliche Schwerpunkte | Hinweise | Zusatzmaterial (Lehrer) |
|---|---|---|---|
| **Instrumentengruppen** (S. 41) | ➜ Überblick über die verschiedenen Instrumentengruppen und ihre Untergruppen erhalten<br>➜ Unterscheidungsmerkmale der Instrumentengruppen kennen (Spielweise, Material)<br>➜ Instrumentenbeispiele für jede Gruppe nennen | | Infokarten 6–9 |
| **Streichinstrumente** (S. 42) | ➜ wichtige Vertreter der Streichinstrumente kennen (Geige, Bratsche, Cello, Violine)<br>➜ Spielweise und Tonerzeugung erklären | | ➜ Infokarte 6<br>➜ Musterbeutelklammern |
| **Zupfinstrumente** (S. 43) | ➜ Gitarre und Harfe als wichtige Vertreter der Streichinstrumente kennen<br>➜ Spielweise und Tonerzeugung erklären | | Infokarte 6 |
| **Die Geige** (S. 44) | ➜ wichtige Teile der Geige benennen<br>➜ Spielweise und Art der Tonerzeugung erklären<br>➜ Zusatzwissen formulieren | Einzelvorlagen für Geige auf DIN A4 kopieren | Infokarte 10 |
| **Die Gitarre** (S. 44) | ➜ wichtige Teile der Gitarre benennen<br>➜ Spielweise und Art der Tonerzeugung erklären<br>➜ Zusatzwissen formulieren | Einzelvorlage für Gitarre auf DIN A4 kopieren | Infokarte 10 |
| **Blechblasinstrumente** (S. 45) | ➜ wichtige Vertreter der Blechblasinstrumente kennen (Trompete, Horn, Posaune, Tuba)<br>➜ Spielweise und Tonerzeugung erklären | | Infokarte 7 |

| | | | |
|---|---|---|---|
| **Holzblasinstrumente** (S. 46) | ➔ wichtige Vertreter der Holzblasinstrumente kennen (Blockflöte, Querflöte, Klarinette, Oboe, Saxofon, Fagott)<br>➔ Spielweise und Tonerzeugung erklären | | ➔ Infokarte 7<br>➔ Heftgerät |
| **Die Blockflöte** (S. 47) | ➔ wichtige Teile der Blockflöte benennen<br>➔ Spielweise und Art der Tonerzeugung erklären<br>➔ Zusatzwissen formulieren | | Infokarte 11 |
| **Die Trompete** (S. 47) | ➔ wichtige Teile der Trompete benennen<br>➔ Spielweise und Art der Tonerzeugung erklären<br>➔ Zusatzwissen formulieren | | Infokarte 11 |
| **Tasteninstrumente** (S. 48) | ➔ wichtige Vertreter der Tasteninstrumente kennen (Klavier, Orgel, Akkordeon, Keyboard)<br>➔ Spielweise und verschiedene Arten der Tonerzeugung erklären | | Infokarte 8 |
| **Das Klavier** (S. 49) | ➔ Art der Tonerzeugung anhand wichtiger Teile des Klaviers (Tasten, Saiten, Hammer, Pedal) erklären | | Infokarte 8 |
| **Schlaginstrumente** (S. 50) | ➔ wichtige Vertreter der Schlaginstrumente kennen<br>➔ Spielweise der Schlaginstrumente erklären<br>➔ Einteilung der Schlaginstrumente in Fellklinger und Selbstklinger kennen und Instrumente zuordnen | | Infokarte 9 |
| **Orff-Instrumente** (S. 51) | ➔ verschiedene Orff-Instrumente kennen<br>➔ Carl-Orff als Erfinder der Orff-Instrumente kennen | | Infokarte 12 |
| **Das Sinfonie-orchester** (S. 52–54) | ➔ Aufgaben des Dirigenten benennen<br>➔ Instrumentengruppen des Sinfonieorchesters kennen<br>➔ Sitzordnung der einzelnen Instrumente und Gründe für die Sitzordnung benennen | Der Klebeplan (S. 52) kann auf farbiges Papier kopiert werden. Dieser wird in die Mitte des Lapbook-Umschlags geklebt (siehe Faltanleitung, S. 14). | ➔ Infokarte 13<br>➔ evtl. farbiges Kopierpapier |

## Komponisten und ihre Werke

| Faltvorlage | Inhaltliche Schwerpunkte | Hinweise | Zusatzmaterial (Lehrer) |
|---|---|---|---|
| **Berühmte Komponisten** (S. 55) | ➔ Wolfgang Amadeus Mozart, Carl Orff und Antonio Vivaldi als Komponisten kennen<br>➔ den Komponisten Lebensdaten und ein Musikstück zuordnen<br>➔ weitere behandelte Komponisten ergänzen | Wird das Lapbook unterrichtsbegleitend eingesetzt, können neu behandelte Komponisten immer wieder ergänzt werden.<br>**Tipp:** Decken Sie dazu vor dem Kopieren die Abbildungen der Komponisten ab, sodass sie vier „Leervorlagen“ erhalten. | ➔ Infokarten 12, 14–15<br>➔ Musikhefter, Lehrbücher oder Arbeitshefte |
| **Mein Komponisten-Steckbrief** (S. 56) | einen Komponisten in einem Steckbrief vorstellen | | ➔ Infokarten 14–17<br>➔ Musikbücher, Lexika, PC mit Internet |

| **Mini-Lapbook Komponisten** (S. 57–59) | Sich über einen Komponisten informieren und unter verschiedenen Aspekten vorstellen:<br>➜ Wichtige Lebensstationen<br>➜ Kindheit und Jugend<br>➜ Bekannte Musikstücke<br>➜ Ein wichtiges Musikstück<br>➜ Wichtige Orte<br>➜ Das gefällt mir … | Als Ergänzung zum Komponisten-Steckbrief kann das Leben und das Werk eines Komponisten vertieft in einem Mini-Lapbook erarbeitet werden. Ein ausgewähltes Werk des Komponisten kann mit den Vorlagen „Vorhang auf!" (S. 60/61), „Programm-Musik" (S. 62) oder „Musik hören und beschreiben" (S. 64) vertieft werden. Zur Differenzierung können den Kindern weitere Leervorlagen für eigene Forscherfragen oder die Gestaltung eines Quiz zur Verfügung gestellt werden.<br><br>**Mögliche Forscherfragen:** Welche Instrumente spielte der Komponist? In welcher Zeit hat er gelebt? Wer waren seine Lehrer oder seine Schüler?<br>**Tipp:** Mini-Lapbook-Vorlagen auf DIN A4 großkopieren. | ➜ Infokarte 14–17<br><br>➜ Musikbücher, Lexika, PC mit Internetanschluss<br>➜ Musterbeutel-klammern<br>➜ evtl. Leervorlagen, z. B: aus „Lapbooks im Grundschul-unterricht", ISBN 978-3-8346-3790-1<br>➜ Wollfaden<br>➜ Klebeband |
|---|---|---|---|
| **Vorhang auf! Bühne und Bildkarten** (S. 60/61) | ➜ Vorstellen einer Oper oder eines Balletts<br>➜ Hauptfiguren nennen<br>➜ Inhalt des Musikstückes wiedergeben und zeichnen | Diese Vorlage kann zu jedem Musikstück ange-fertigt werden, das auf einer Bühne aufgeführt wird. Auf der Infokarte finden sich Informationen zum Beispiel „Die Zauber-flöte". Für andere Werke müssen Zusatzinformatio-nen zur Verfügung gestellt werden. | ➜ Infokarte 16 a und 16 b<br><br>➜ Hörbeispiele „Die Zauberflöte" oder anderes Musikstück |
| **Programm-Musik** (S. 62) | ➜ Fachbegriff „Programm-Musik" erklären<br>➜ Bilder und deren Umsetzung in einer Programm-Musik vorstellen | Diese Vorlage kann zu jeder Programm-Musik gestaltet werden. Die Infokarte bietet Info-materialien zu „Die Vier Jahreszeiten" von Antonio Vivaldi.<br>Für andere Werke müssen Zusatzinformationen zur Verfügung gestellt werden. | ➜ Infokarte 17<br>➜ Hörbeispiel „Die vier Jahreszeiten"<br>➜ Informationen/ Hörbeispiele zu anderen themati-sierten Opern/ Ballettstücke |
| **Musik beschreiben** (S. 63) | Begriffe zur Beschreibung von Musik den Kategorien Tempo, Lautstärke, Rhythmus, Stimmung, Melodie und Besetzung zuordnen | Dieses Minibuch kann von den Kindern als allgemei-nes Nachschlagewerk für das Beschreiben von Musik genutzt werden. | ➜ Heftgerät |
| **Ein Musikstück hören und beschreiben** (S. 64) | ein Musikstück anhand der vorgegebenen Kategorien Tempo, Lautstärke, Rhythmus, Stimmung, Melodie und Besetzung beschreiben | Mithilfe dieser Vorlage kann von den Kindern jedes beliebige Hör-beispiel analysiert und beschrieben werden. | ➜ Minibuch „Musik beschreiben" (S. 63)<br>➜ Musikstück als Hörbeispiel<br>➜ Musterbeutel-klammern |

# Kopiervorlagen

# Faltanleitung Lapbook

**Du brauchst:**

- 1 farbigen A3-Tonkarton
- 1 farbiges A4-Kopierpapier
- Klebeband
- Tonkartonreste
- Kleber
- Schere

① Falte den A3-Tonkarton in der Mitte.
② Öffne den Tonkarton wieder. Falte nun beide Seiten zur Mitte.
③ Klebe ein farbiges A4-Kopierpapier in die Mitte.
④ Wenn du mehr Platz benötigst, klebst du mit Klebeband weitere Klappen an.
⑤ Du kannst auch mehrere Lapbooks an den Seitenklappen aneinanderkleben.

①

②

③

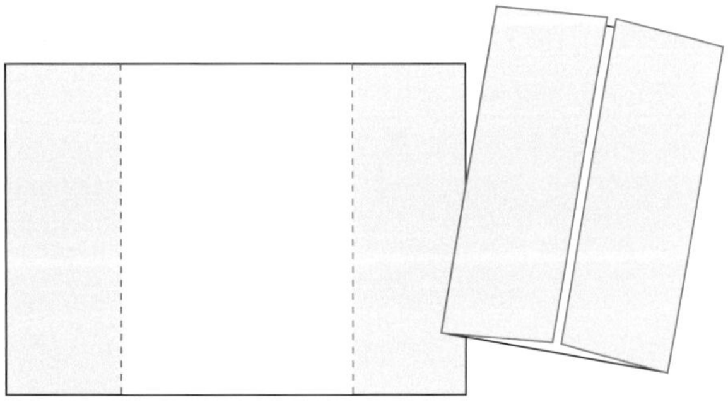

④

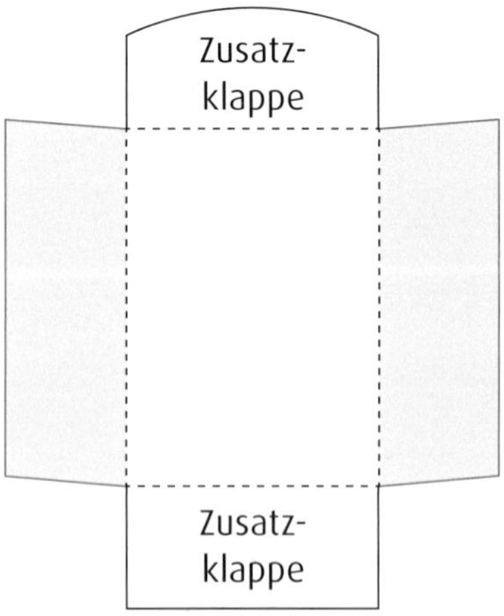

Zusatz-
klappe

Zusatz-
klappe

⑤

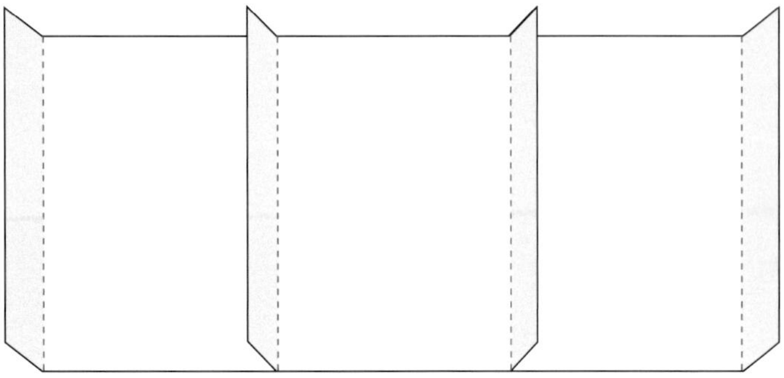

# Deckblatt

# Mein Musik-Lapbook

**Name:** ..................................................

..................................................

**Klasse:** ..................................................

**Datum:** ..................................................

Diese Vorlagen kannst du für die Gestaltung deiner Titelseite verwenden.

① Schneide die linke Vorlage aus und klebe sie auf die Titelseite.

❷ **Ergänze die Angaben mit deinen Daten.**

❸ **Gestalte die Titelseite passend zum Musikunterricht. Verwende dafür auch die Bilder auf dieser Seite.**

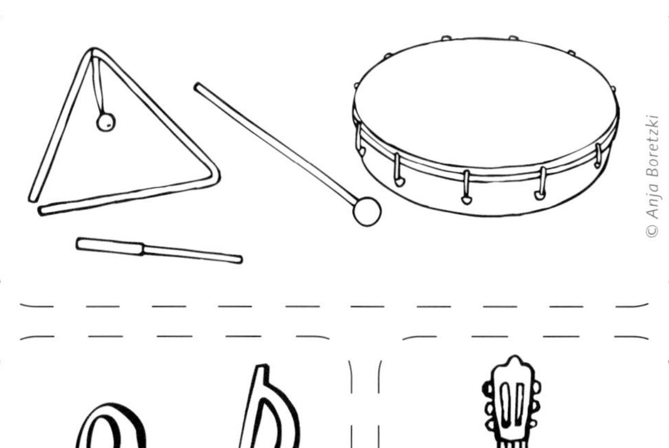

# So ist mein Musik-Lapbook

Name: ................................ Klasse: ................ Datum: ................................

| | | |
|---|---|---|
| Gestaltung/ Arbeitsweise | Ich habe meine Minibücher sauber ausgeschnitten, gefaltet und geklebt. | ☺ 😐 ☹ |
| | Ich habe ordentlich geschrieben, ausgemalt oder gemalt. | ☺ 😐 ☹ |
| | Ich habe meinen Umschlag zum Thema gestaltet. | ☺ 😐 ☹ |
| | Ich habe mich an unsere Arbeitsregeln gehalten. | ☺ 😐 ☹ |
| | Ich habe eigene Ideen/Themen umgesetzt. | ☺ 😐 ☹ |
| Musik und ich | Ich habe meine eigenen Erfahrungen mit Musik und Musikvorlieben vorgestellt:<br>○ Mein Musik-Tagebuch ○ Meine Lieblingsmusik ○ Mein Instrument | ☺ 😐 ☹ |
| | Ich weiß …<br>○ wie ich mit meinem Körper Musik machen kann.<br>○ wie ich Gefühle mit Instrumenten spielen kann. | ☺ 😐 ☹ |
| Notenlehre | Ich kenne …<br>○ Noten ○ ihre Namen im Notensystem ○ die C-Dur-Tonleiter | ☺ 😐 ☹ |
| | Ich kenne verschiedene Notenwerte und kann sie malen:<br>○ ganze Noten ○ halbe Noten ○ Viertelnoten ○ Achtelnoten | ☺ 😐 ☹ |
| | Ich kenne den Violinschlüssel und kann ihn malen. | ☺ 😐 ☹ |
| | Ich kenne diese Pausenzeichen und ihre Werte:<br>○ ganze Pause ○ halbe Pause ○ Viertelpause ○ Achtelpause | ☺ 😐 ☹ |
| | Ich kenne folgende Taktarten und kann einen Rhythmus dazu aufschreiben:<br>○ 2/4 Takt ○ 3/4 Takt ○ 4/4 Takt | ☺ 😐 ☹ |
| Instrumente | Ich kenne Instrumentengruppen und kann Beispiele dazu nennen.<br>○ Saiteninstrumente ○ Blasinstrumente ○ Tasteninstrumente ○ Schlaginstrumente | ☺ 😐 ☹ |
| | Ich weiß, aus welchen Teilen die Instrumente bestehen. | ☺ 😐 ☹ |
| | Ich weiß, wie der Klang in Instrumenten entsteht und wie sie gespielt werden. | ☺ 😐 ☹ |
| Komponisten | Ich kenne berühmte Komponisten. | ☺ 😐 ☹ |
| | Ich kenne das Leben eines Komponisten genau. | ☺ 😐 ☹ |
| | Ich kann etwas über ein berühmtes Musikstück erzählen. | ☺ 😐 ☹ |
| | Ich kann Musik eines Komponisten beschreiben. | ☺ 😐 ☹ |

Das ist mir schwergefallen:

...............................................................................................................

Das ist mir leichtgefallen:

...............................................................................................................

So gefällt mir mein Lapbook insgesamt: ☺ 😐 ☹

# So ist dein Musik-Lapbook

☺ = meistens (2 Punkte) 😐 = teilweise (1 Punkt) ☹ = nie (0 Punkte)

Name: ........................ Klasse: ........................ Datum: ........................

| | | |
|---|---|---|
| **Gestaltung/ Arbeitsweise** | Du hast deine Minibücher sauber ausgeschnitten, gefaltet und geklebt. | ☺ 😐 ☹ |
| | Du hast ordentlich geschrieben, ausgemalt oder gemalt. | ☺ 😐 ☹ |
| | Du hast deinen Umschlag zum Thema gestaltet. | ☺ 😐 ☹ |
| | Du hast dich an unsere Arbeitsregeln gehalten. | ☺ 😐 ☹ |
| | Du hast eigene Ideen/Themen umgesetzt. | ☺ 😐 ☹ |
| | Du hast dein Lapbook gut eingeschätzt. | ☺ 😐 ☹ |
| **Musik und ich** | Du hast deine eigenen Erfahrungen mit Musik und Musikvorlieben vorgestellt:<br>○ Mein Musik-Tagebuch ○ Meine Lieblingsmusik ○ Mein Instrument | ☺ 😐 ☹ |
| | Du weißt …<br>○ wie du mit deinem Körper Musik machen kannst.<br>○ wie du Gefühle mit Instrumenten spielen kannst. | ☺ 😐 ☹ |
| **Notenlehre** | Du kennst …<br>○ Noten ○ ihre Namen im Notensystem ○ die C-Dur-Tonleiter | ☺ 😐 ☹ |
| | Du kennst verschiedene Notenwerte und kannst sie malen:<br>○ ganze Noten ○ halbe Noten ○ Viertelnoten ○ Achtelnoten | ☺ 😐 ☹ |
| | Du kennst den Violinschlüssel und kannst ihn malen. | ☺ 😐 ☹ |
| | Du kennst diese Pausenzeichen und ihre Werte:<br>○ ganze Pause ○ halbe Pause ○ Viertelpause ○ Achtelpause | ☺ 😐 ☹ |
| | Du kennst folgende Taktarten und kannst einen Rhythmus dazu aufschreiben:<br>○ 2/4 Takt ○ 3/4 Takt ○ 4/4 Takt | ☺ 😐 ☹ |
| **Instrumente** | Du kennst Instrumentengruppen und kannst Beispiele dazu nennen.<br>○ Saiteninstrumente ○ Blasinstrumente ○ Tasteninstrumente ○ Schlaginstrumente | ☺ 😐 ☹ |
| | Du weißt, aus welchen Teilen die Instrumente bestehen. | ☺ 😐 ☹ |
| | Du weißt, wie der Klang in Instrumenten entsteht und wie sie gespielt werden. | ☺ 😐 ☹ |
| **Komponisten** | Du kennst berühmte Komponisten. | ☺ 😐 ☹ |
| | Du kennst das Leben eines Komponisten genau. | ☺ 😐 ☹ |
| | Du kannst etwas über ein berühmtes Musikstück erzählen. | ☺ 😐 ☹ |
| | Du kannst Musik eines Komponisten beschreiben. | ☺ 😐 ☹ |

| | |
|---|---|
| Das ist besonders toll an deinem Lapbook: | |
| Diesen Tipp habe ich für dich: | |

Gesamtpunktzahl: ........................ Note: ........................

## Noten und Notenwerte

Infokarte 1

**Was ist eine Note?**
Um die Länge eines Tons anzugeben, benutzen wir Zeichen.
Diese Zeichen heißen Noten.

**Wie sehen Noten aus?**
Jede Note hat einen **Notenkopf**.
Dieser kann leer oder ausgefüllt sein.
Je nach Dauer des Tons haben Noten auch einen **Notenhals** und manchmal ein **Fähnchen**.
Klingen zwei Noten mit einem Fähnchen nacheinander, werden diese mit einem **Balken** verbunden.

Wie eine Note genau aussieht, hängt von der Länge des Tons ab.

① ② ③ ④ → Eine **ganze Note** dauert 4 Schläge.

① ② → Eine **halbe Note** dauert 2 Schläge.

① → Eine **Viertelnote** dauert 1 Schlag.

½ → Eine **Achtelnote** dauert 1/2 Schlag.

Du kannst Notenwerte durch andere ersetzen. Wichtig ist nur, dass die Anzahl der Schläge immer gleich bleibt.

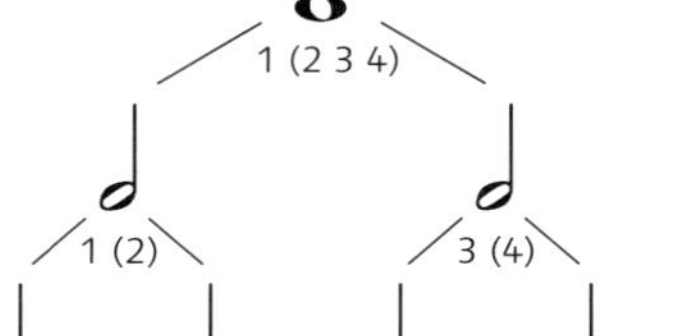


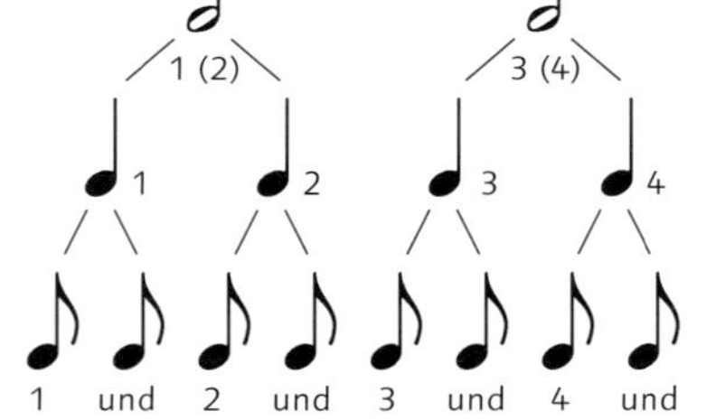


## Das Notensystem

Infokarte 2

Damit wir wissen, ob ein Ton hoch oder tief gesungen oder gespielt werden soll, schreibt man die Noten in ein **Notensystem**.
Das Notensystem nennt man auch Notenzeile.
Es besteht aus **5 Linien** und **4 Zwischenräumen**.

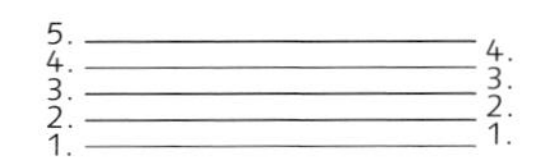


Jeder Ton hat hier seinen festen Platz. Er liegt entweder auf einer Linie oder in einem Zwischenraum.
Je höher ein Ton ist, desto weiter oben. Je tiefer ein Ton ist, desto weiter unten steht er im Notensystem.
Dabei hat jeder Ton einen Namen: **c d e f g a h c**.
Die Töne werden wie eine Leiter aufgeschrieben.
Immer ein Ton liegt auf einer Linie und der nächste liegt zwischen 2 Linien.
So heißen die Töne der **C-Dur-Tonleiter**:

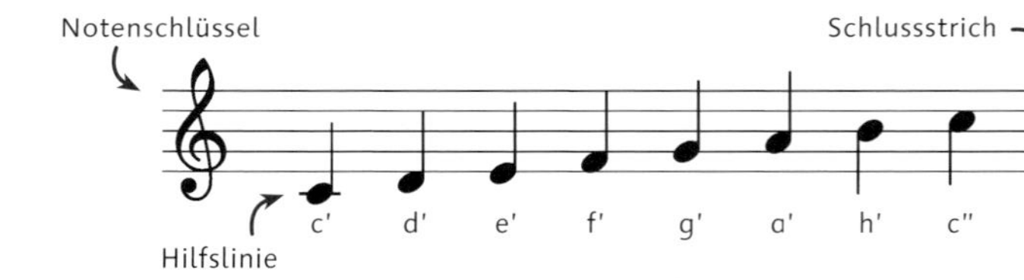


→ Am Anfang einer Notenzeile steht immer ein **Notenschlüssel**. Der häufigste ist der Violinschlüssel. Er beginnt auf der g-Linie (2. Linie von unten) und zeigt dir, wo der Ton g liegt.
→ Ab der 3. Linie zeichnest du den **Notenhals** nach **unten**.
→ Die tiefen und hohen Töne werden durch **kleine Striche** an den Notennamen unterschieden. Ab dem hohen c bekommen die Notennamen 2 Striche.
→ Die Noten außerhalb der Notenlinien bekommen **Hilfslinien**.
→ Das Ende eines Musikstücks erkennst du am **Schlussstrich**.

# Infokarten



## Pausen und Pausenwerte

Infokarte 3

**Was ist eine Pause?**
Ein Rhythmus setzt sich aus Noten und Pausen zusammen. Wenn es in einem Musikstück kurz leise sein soll, also niemand singen oder musizieren soll, werden Pausen als Zeichen benutzt.

**Wie sehen Pausen aus und wie lange dauern sie?**
Die Pausen dauern, wie die Noten, eine unterschiedliche Anzahl von Schlägen lang.

① ② ③ ④ → Eine **ganze Pause** hat 4 Schläge.

① ② → Eine **halbe Pause** hat 2 Schläge.

① → Eine **Viertelpause** hat 1 Schlag.

◖½ → Eine **Achtelpause** hat ½ Schlag.

Auch die Pausen kannst du durch andere ersetzen. Wichtig ist nur, dass die Anzahl der Schläge immer gleich bleibt.

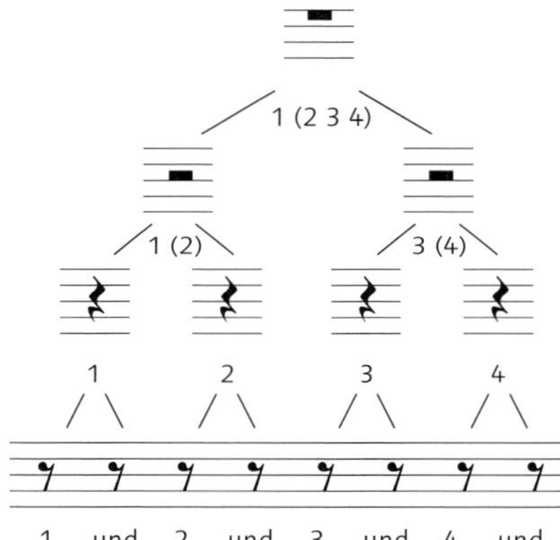


## Takt und Taktarten

Infokarte 4

**Der Takt**
Der **Takt** teilt die Noten und Pausen eines Musikstücks in immer gleich große Abschnitte ein. Die Takte werden durch **Taktstriche** voneinander abgegrenzt.

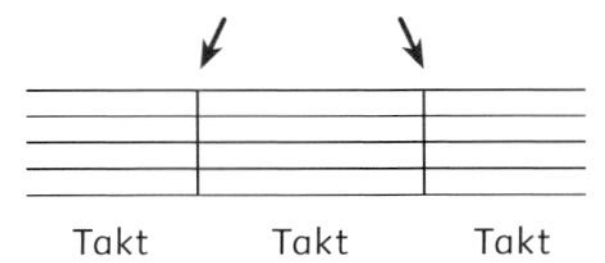


**Die Taktarten**
Die **Taktart** steht am Anfang eines Liedes. Sie zeigt an, wie viele Schläge in einem Takt vorkommen.

Der **2/4-Takt** (Zweivierteltakt) hat 2 Schläge.
Wir zählen: **1** 2 **1** 2 **1** 2 **1** 2

Der **3/4 -Takt** (Dreivierteltakt) hat 3 Schläge.
Wir zählen: **1** 2 3 **1** 2 3 **1** 2 3

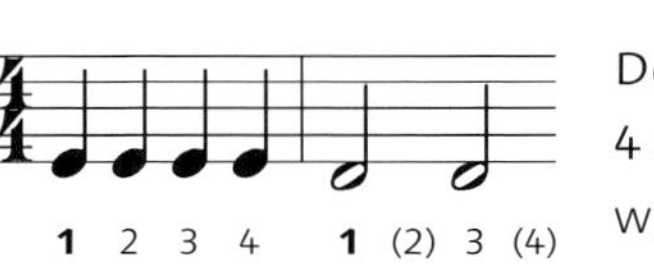


Der **4/4-Takt** (Viervierteltakt) hat 4 Schläge.
Wir zählen: **1** 2 3 4 **1** 2 3 4

→ In jedem Takt können unterschiedlich lange Noten und Pausen stehen (Infokarte 1 und 3). Die vorgegebene Angabe der Schläge in einem Takt muss aber immer erfüllt sein.

→ Der erste Schlag in einem Takt ist immer betont (etwas lauter). Die anderen Schläge sind unbetont (leiser).

## Stabspiel und Tastatur

Infokarte 5

Auf dem Stabspiel oder einer Tastatur haben die Töne einen festgelegten Platz. Dabei hat jeder Ton einen Namen, damit wir wissen, welchen Ton wir spielen müssen.

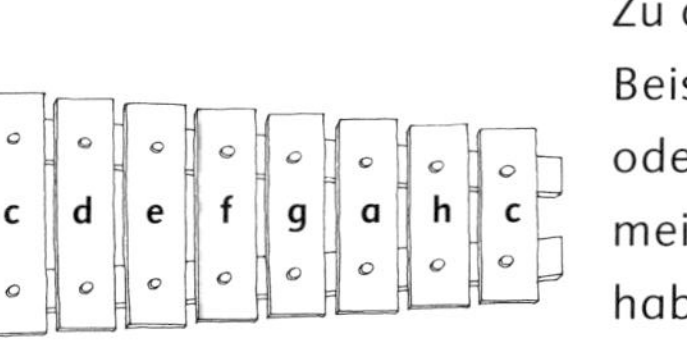


Zu den **Stabspielen** gehören zum Beispiel das Xylofon, Glockenspiel oder Metallofon. Die Tonnamen stehen meist auf den Klangplatten. Dabei haben tiefere Töne längere Klangplatten und höhere Töne kürzere Klangplatten. Die Töne schlägst du mit einem oder zwei Schlägeln an.

**Tasteninstrumente** sind zum Beispiel das Klavier, Keyboard oder Akkordeon. Sie haben schwarze und weiße Tasten. Es wechseln sich immer eine Gruppe von zwei und drei Tasten ab. Die Note c findest du immer auf der weißen Taste vor einer 2er-Gruppe von schwarzen Tasten. Der Ton entsteht, wenn du auf eine Taste drückst.

Wenn du mehrere Töne hintereinander spielst, entsteht eine **Melodie**.

Bei einer **Tonwiederholung** wird ein Ton 2-mal hintereinander gespielt.

Um einen **Tonschritt** handelt es sich, wenn zwei Töne direkt nebeneinander liegen.

Bei einem **Tonsprung** muss mindestens ein Ton dazwischenliegen.

*Illustrationen © Astrid Wilkesmann*

## Saiteninstrumente

Infokarte 6

Musikinstrumente werden in Instrumentengruppen (Instrumentenfamilien) eingeteilt. Instrumente einer Gruppe sind ähnlich gebaut und man spielt sie auf ähnliche Weise. **Saiteninstrumente** haben Saiten, die beim Spielen in Schwingungen gebracht werden. Der Resonanzkörper verstärkt dabei die Lautstärke.

Die Saiteninstrumente unterscheiden wir nach ihrer Spielweise in zwei Untergruppen: die Streichinstrumente und die Zupfinstrumente.

**Streichinstrumente:**

Zum Spielen werden die Saiten mit einem Bogen angestrichen. Dabei beginnen die Saiten, zu schwingen. Der Instrumentenkörper ist hohl und verstärkt die Lautstärke. Die Saiten können jedoch auch mit dem Finger gezupft oder dem Bogen angeschlagen werden. Streichinstrumente sind die **Geige** (Violine), das **Cello**, die **Bratsche** und der **Kontrabass**. Sie sind alle aus Holz und ähnlich gebaut. Da sie jedoch unterschiedlich groß sind, klingen sie verschieden. Je größer das Instrument ist oder je länger die Saiten sind, desto tiefer klingt das Instrument.

**Zupfinstrumente:**

Zum Spielen werden die Saiten mit den Fingern oder einem Plättchen (Plektrum) gezupft oder angeschlagen. Dabei beginnen die Saiten, zu schwingen. Zupfinstrumente sind die **Gitarre** und die **Harfe**.

*Illustrationen © Anja Boretzki*

# Infokarten

## Blasinstrumente

Infokarte 7

Bei Blasinstrumenten wird der Klang durch das Hineinblasen in ein Mundstück erzeugt. Sie werden nach ihrem Material in zwei Untergruppen unterschieden: die Holzblasinstrumente und die Blechblasinstrumente.

**Holzblasinstrumente:**

Alle Holzblasinstrumente haben ein Mundstück, eine Schallröhre und Grifflöcher. Beim Spielen wird in das Mundstück geblasen. Dadurch entsteht eine Luftröhre und es erklingt ein Ton. Mit den Fingern werden die Grifflöcher geöffnet oder geschlossen. Dadurch wird die Luftröhre kürzer oder länger und es entstehen unterschiedliche Töne.

Holzblasinstrumente sind die **Blockflöte**, die **Klarinette**, das **Fagott**, die **Oboe**, die **Querflöte** und das **Saxofon**.

**Blechblasinstrumente:**

Alle Blechblasinstrumente haben ein Mundstück, eine Schallröhre und einen Schallbecher.

Beim Spielen wird mit gespannten Lippen in das Mundstück geblasen. Dadurch wird die Luft in Schwingungen gebracht und es entsteht ein Ton.

Je länger die Schallröhre ist, desto tiefer ist der Ton. Die meisten Blechblasinstrumente haben Ventile. Durch das Drücken der Ventile wird die Länge der Schallröhre verändert, sodass unterschiedliche Töne gespielt werden können.

Blechblasinstrumente sind die **Trompete**, die **Posaune**, die **Tuba** und das **Horn**.

*Illustrationen © Anja Boretzki*

## Tasteninstrumente

Infokarte 8

Alle Tasteninstrumente haben schwarze und weiße Tasten. Diese werden gedrückt, damit Töne erklingen. Tasteninstrumente sind das **Klavier**, das **Keyboard**, die **Orgel** und das **Akkordeon**. Sie unterscheiden sich darin, was passiert, wenn eine Taste gedrückt wird.

Das bekannteste Tasteninstrument ist das **Klavier**. Es hat insgesamt 88 weiße und schwarze Tasten. Das nennt man **Klaviatur**. Im Inneren des Klaviers sind die **Saiten**. Das sind gespannte Drähte aus Metall. Wenn am Klavier eine Taste gedrückt wird, schlägt ein **kleiner Hammer** aus Holz auf eine Saite und es ist ein Ton zu hören. Das Klavier hat außerdem zwei oder drei **Pedale**. Wenn man während des Spielens mit dem Fuß darauf tritt, verbindet sich der Klang oder die Töne werden länger.

Das **Keyboard** ist wie ein kleines Klavier. Es funktioniert allerdings elektronisch. Die Töne sind nur zu hören, wenn das Keyboard Strom hat.

Bei einer **Orgel** wird durch das Drücken der Tasten Luft durch verschieden große Pfeifen gedrückt.

Das **Akkordeon** wird beim Spielen wie ein Rucksack vor die Brust geschnallt. Mit den Tasten wird die Melodie gespielt. Die Töne erklingen, wenn der Blasebalg auseinander- und wieder zusammengedrückt wird.

*Illustrationen © Astrid Wilkesmann*

© Verlag an der Ruhr | Autorin: Doreen Blumhagen | Illustrationen Icon: Anja Boretzki | ISBN 978-3-8346-4165-6 | www.verlagruhr.de

# Infokarten

## Schlaginstrumente

Infokarte 9

**Schlaginstrumente** werden mit einem Schlägel oder der Hand angeschlagen. Dabei entstehen Geräusche, Klänge oder Töne.
Es gibt sehr viele verschiedene Schlaginstrumente, zum Beispiel die **Trommel**, die **Pauke**, **Stabspiele**, den **Gong**, das **Becken**, die **Triangel** und das **Schlagzeug**. Viele Instrumente kennst du in vereinfachter Form aus dem Musikunterricht: die Orff-Instrumente.
Schlaginstrumente werden oft in zwei Untergruppen eingeteilt: die **Fellklinger** und die **Selbstklinger**.

**Fellklinger:**
Bei den Fellklingern ist ein Fell über das Instrument gespannt. Beim Anschlagen beginnt das Fell, zu schwingen, und der Ton entsteht.
Wenn das Trommelfach nur schwach gespannt ist, klingt der Ton dabei tief.
Ist es fest gespannt, klingt der Ton höher.
Fellklinger sind zum Beispiel die **Pauke** oder die **Trommel**.

© Astrid Wilkesmann

**Selbstklinger:**
Selbstklinger klingen selbst, wenn sie angeschlagen werden. Sie bestehen meist aus hartem Material wie Holz, Stein, Metall oder Glas.
Dazu gehören zum Beispiel die **Triangel**, **Kastagnetten**, **Klanghölzer**, **Röhrentrommeln**, **Rasseln**, der **Gong**, das **Becken** oder das **Xylofon**.

© Anja Boretzki

## Geige und Gitarre

Infokarte 10

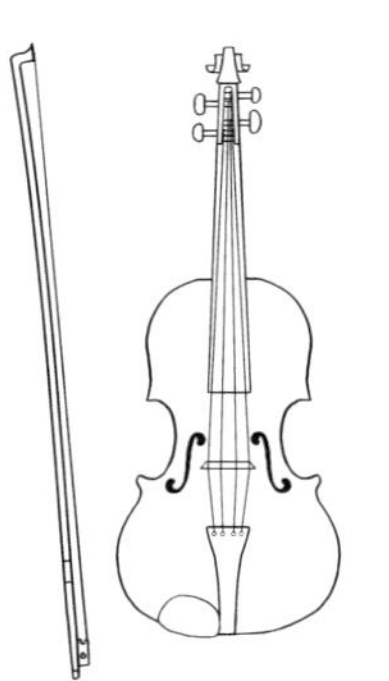

Die **Geige** wird auch Violine genannt. Sie ist das kleinste Streichinstrument und klingt am höchsten.
Die Geige hat einen **Körper** aus Holz, den Resonanzkörper, mit zwei Schalllöchern, die wie ein f aussehen. Deshalb werden sie **f-Löcher** genannt.
Über einen **Steg** verlaufen **4 Saiten** aus Stahl oder Kunststoff den Hals entlang. Der **Hals** endet in einer **Schnecke** mit **4 Wirbeln**. Diese spannen die Saiten der Geige. Zur Geige gehört auch ein **Bogen**. Dieser ist mit **Pferdehaar** bespannt.
Zum Spielen der Geige klemmt sich der Musiker die Geige zwischen Schulter und Kinn. Dabei hilft der **Kinnhalter**.
Um einen Klang zu erzeugen, streicht man einen Bogen über die Saiten, schlägt sie mit dem Bogen an oder zupft die Saiten.
Die Saiten beginnen, zu schwingen, und es entsteht ein Ton.
Durch das Herunterdrücken der Saiten mit dem Fingern auf dem Hals bestimmt der Musiker die Höhe der Töne.

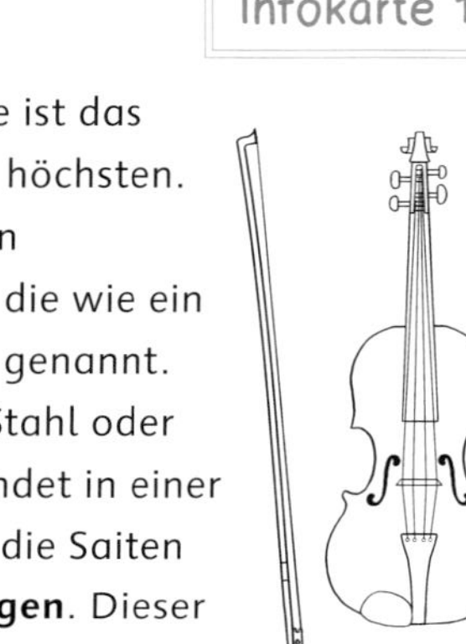

Die **Gitarre** hat einen hohlen **Körper** aus Holz mit einem runden **Schallloch**. Über einen **Steg** verlaufen **6 Saiten** den Hals entlang. Auf dem **Hals** befindet sich das **Griffbrett** mit den **Bünden**. Am Ende des Halses sind die **Wirbel** zum Stimmen der Saiten.
Die Gitarre wird im Sitzen oder Stehen gespielt.
Dazu werden die Saiten mit den Fingern oder einem **Plättchen** (Plektrum) gezupft oder gestrichen. Dadurch beginnen die Saiten, zu schwingen. Die Schwingungen werden auf den Instrumentenkörper übertragen und es entstehen die Töne. Wenn man auf dem Griffbrett eine Saite drückt, kann nicht mehr die ganze Saite schwingen.
Sie schwingt nur noch an einer bestimmten Stelle. Dadurch wird der Ton höher.

Illustrationen © Verlag an der Ruhr



© Verlag an der Ruhr | Autorin: Doreen Blumhagen | Illustrationen Icon: Anja Boretzki | ISBN 978-3-8346-4165-6 | www.verlagruhr.de

# Infokarten

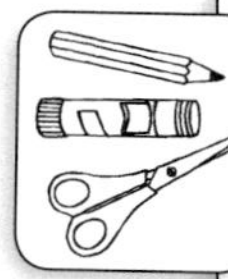

© Verlag an der Ruhr | Autorin: Doreen Blumhagen | Illustrationen Icon: Anja Boretzki | ISBN 978-3-8346-4165-6 | www.verlagruhr.de

## Blockflöte und Trompete

Infokarte 11

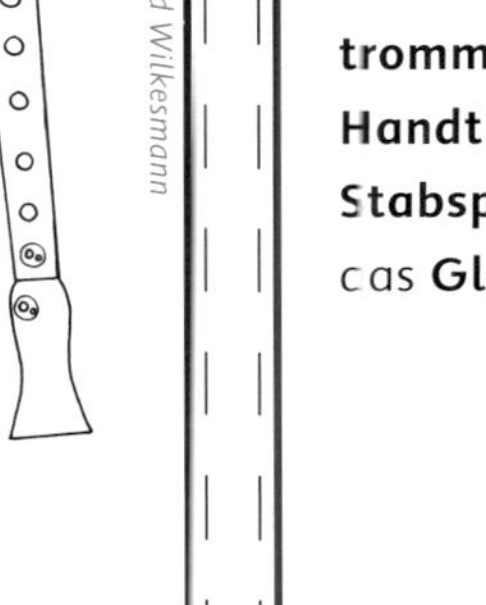

© Astrid Wilkesmann

Die **Blockflöte** gehört zu den bekanntesten Holzblasinstrumenten. Sie besteht aus einem **Mundstück**, einer **Schallröhre** mit **Grifflöchern** und einem **Schallbecher**.
Das Mundstück ist wie ein Schnabel geformt und hat ein **Blasloch** und eine **Anblaskante**.
Zum Spielen wird in das Mundstück geblasen. Dabei entsteht eine Luftröhre in der Blockflöte. Mit den Fingern werden die Grifflöcher verschlossen oder geöffnet. Dadurch wird die Luftröhre kürzer oder länger und es entstehen unterschiedliche Töne. Je mehr Grifflöcher abgedeckt sind, desto tiefer klingt der Ton. Blockflöten gibt es in verschiedenen Größen.
Je größer die Flöte ist, desto tiefer klingt sie. Die Flöte wird im Sitzen oder Stehen gespielt. Es gibt **Sopran-**, **Alt-**, **Tenor-** und sogar **Bassblockflöten**.

© Anja Boretzki

Die **Trompete** ist das höchste Blechblasinstrument.
Sie hat ein trichterförmiges **Mundstück** und eine lange, gebogene **Schallröhre,** die mit einem **Schalltrichter** endet.
Zum Spielen hat sie außerdem drei **Ventile**.
Man bläst mit gespannten Lippen in das Mundstück.
Dadurch bildet sich eine schwingende Luftsäule und es ist ein Ton zu hören.
Durch das Drücken der Ventile wird die Länge der Luftsäule länger und es entstehen unterschiedliche Töne. Je länger die Luftsäule ist, desto tiefer klingt der Ton. Auch das Verändern der Lippenstellung erzeugt verschiedene Töne.
Die Trompete wird im Sitzen oder Stehen gespielt.

## Orff-Instrumente

Infokarte 12

**Orff-Instrumente** kennst du sicher aus dem Musikunterricht.
Sie gehören zu den Schlaginstrumenten. Orff-Instrumente werden mit einem Schlägel oder der Hand angeschlagen.
Dabei entstehen Geräusche, Klänge oder Töne.
Orff-Instrumente sind zum Beispiel **Klangstäbe**, **Rassel**, **Triangel**, **Schellenring**, **Zimbel**, **Holzblocktrommel**, **Holzröhrentrommel**, **Handtrommel**, **Schellenstab** und **Stabspiele**, wie das **Xylofon** oder das **Glockenspiel**.

Die Orff-Instrumente haben ihre Namen von **Carl Orff**. Er war ein berühmter Komponist und Pädagoge.
Er lebte von 1895 bis 1982.
Carl Orff erhielt schon vor der Schule Klavierunterricht und begeisterte sich für Kindertheater.
Er schrieb bereits mit 10 Jahren erste Musikstücke für sein Puppentheater.
Als Erwachsener studierte er bei bekannten Komponisten und eröffnete eine Schule, an der er Kinder in Musik und Tanz unterrichtete. Er wollte, dass Kinder ohne Vorwissen Instrumente spielen können. Deshalb arbeitete er zum Beispiel viel mit den Körperinstrumenten und entwickelte einfache Instrumente, die du heute als Orff-Instrumente kennst. Seine Ideen veröffentlichte er in dem Buch „Musik für Kinder“.
Carl Orffs bekanntestes Werk ist die „Carmina Burana“.
Es ist für Orchester und Chor.

Illustrationen © Anja Boretzki

## Das Sinfonieorchester

Infokarte 13

Im Orchester spielen verschiedene Instrumente zusammen. Das Sinfonieorchester ist ein sehr **großes Orchester** mit mehr als 100 Musikern.

© Anja Boretzki

Das Orchester leitet ein **Dirigent**.
Er hat den Überblick über alle Instrumente. Mit einem Dirigierstab gibt er den Einsatz, damit die Musiker wissen, wann sie spielen sollen. Er gibt das Tempo, den Takt und die Lautstärke vor. Damit ihn alle sehen, steht er auf einem Podest.

Die Instrumente haben eine **feste Sitzordnung**, damit sie alle gut vom Publikum gehört werden können.

Vorn sitzen die **Streichinstrumente**. Links neben dem Dirigenten spielen die Geigen und rechts die Bratschen. Neben der Bratsche spielt das Cello, dahinter der Kontrabass.

In der Mitte sitzen die **Holzblasinstrumente**.
Hier spielen die Flöte, die Oboe, die Klarinette und das Fagott.

Die Harfe, als **Zupfinstrument**, ist eher am linken Rand zu finden.

Da die **Blechblasinstrumente** sehr laut sind, sitzen sie weit hinten. Links spielen das Horn und die Trompete, rechts die Posaune und die Tuba. Weil sie laut sind, sitzen die **Schlaginstrumente** in der letzten Reihe. Sie heißen im Orchester „Schlagwerk". Hier spielen die Triangel, die kleine und große Trommel, das Becken und in der Mitte die Pauke. Manchmal spielt am Rand auch ein Xylofon.

Spielt der Flügel als **Tasteninstrument** im Orchester mit, ist er bei der Harfe zu finden.

## Wolfgang Amadeus Mozart

Infokarte 14

© Anja Boretzki

**Wolfgang Amadeus Mozart** wurde **1756** in Salzburg in Österreich geboren. Seine Eltern waren Anna Maria und Leopold Mozart. Mozart hatte eine ältere Schwester. Sie hieß Maria Anna Walburga. Mozarts Vater war Geiger und 2. Kapellmeister. Von ihm lernte Mozart bereits mit 4 Jahren Geige und Klavier. Mit 5 Jahren komponierte er sein erstes Musikstück. Mit 6 Jahren reiste sein Vater mit Mozart und seiner Schwester auf eine Konzertreise nach München und Wien. In Wien durfte Mozart sogar für die Kaiserin Maria Theresia spielen. Mit seinem Vater unternahm Mozart viele Reisen durch Europa. Er spielte in vielen Fürstenhäusern.

Mozart besuchte nie eine Schule. Auf den langen Kutschfahrten wurden er und seine Schwester von ihrem Vater unterrichtet.

Neben seinen Reisen komponierte Mozart. Mit 12 Jahren hatte er bereits über 100 Werke geschrieben. Er war aber auch sehr oft krank. In Salzburg arbeitete er erst als Hofmusiker, bis er 1781 nach Wien zog, wo er zunächst sehr erfolgreich und reich wurde. In Wien heiratete er 1782 die Sängerin Constanze Weber. Sie bekamen sechs Kinder, von denen leider nur zwei überlebten.

Der Familie ging es in Wien immer schlechter. Mozart bekam Geldsorgen, weil seine Opern seinen Geldgebern nicht mehr gefielen. Außerdem wurde er sehr krank. In dieser Zeit, im Jahr 1791, entstand seine Oper **„Die Zauberflöte"**.

Mozart starb **1791** in Wien. Er wurde 35 Jahre alt.

© Verlag an der Ruhr | Autorin: Doreen Blumhagen | Illustrationen Icon: Anja Boretzki | ISBN 978-3-8346-4165-6 | www.verlagruhr.de

## Antonio Vivaldi

Infokarte 15

© Anja Boretzki

**Antonio Lucio Vivaldi** wurde **1678** in Venedig in Italien geboren. Er hatte noch 8 Geschwister. Vivaldi wurde bereits als Baby sehr krank und durfte sich kaum anstrengen. Seine Eltern waren Giovanni und Camilla. Sein Vater war Musiker. Vivaldi war musikalisch sehr begabt und spielte schon als kleines Kind auf der Violine. Bereits mit 10 Jahren spielte er gelegentlich im Orchester seines Vaters.

Da Vivaldis Eltern sehr gläubig waren, begann Antonio mit 15 Jahren die Ausbildung zum Priester und wurde 1703 zum Priester geweiht. Da es ihm gesundheitlich immer schlechter ging, wollte er bereits ein Jahr später kein Priester mehr sein. Er arbeitete nun als Geigenlehrer und später als Musikdirektor an einem Waisenhaus für Mädchen, dem Ospedale della Pietà. Seine Schülerinnen wurden hervorragende Musikerinnen und waren in Europa berühmt. Für seine Schülerinnen komponierte Vivaldi zahlreiche Konzerte für Orchester und Solokonzerte für die Violine. Da Solokonzerte zu dieser Zeit etwas ganz Neues waren, wurde Vivaldi ein berühmter und einflussreicher Komponist und verdiente mit seinen Werken viel Geld.
Sein bekanntestes Werk ist **„Die vier Jahreszeiten"**.
Um seine Opern aufzuführen, unternahm Vivaldi viele Reisen in Europa.
Als den Menschen seine Musik nicht mehr gefiel, blieb der Erfolg Vivaldis immer mehr aus.
Mit 62 Jahren unternahm er eine letzte Reise nach Wien.
Er lebte dort in armen Verhältnissen und wurde schwer krank.
Vivaldi starb **1741** in Wien.

## Vorhang auf: Die Zauberflöte

Infokarte 16 a

**„Die Zauberflöte"** ist eine **Oper** von **Wolfgang Amadeus Mozart**. Eine Oper ist ein musikalisches Theaterstück. Die Handlung wird nicht gesprochen, sondern gesungen. Die Sänger singen allein oder in Gruppen. Dabei werden sie von einem Orchester begleitet. Es gibt Bühnenbilder und Kostüme. Die Zauberflöte wurde am 30. September 1791 in Wien zum ersten Mal aufgeführt. Und davon handelt sie:

© Anja Boretzki

**1)** Prinz Tamino wird im Reich der Königin der Nacht von einer riesigen Schlange verfolgt. Als er vor Erschöpfung in Ohnmacht fällt, wird die Schlange von den Dienerinnen der Königin getötet.

**2)** Als der Prinz erwacht, sieht er den Vogelfänger Papageno. Er behauptet, dass er die Schlange getötet und den Prinzen gerettet hat.

**3)** Doch die Dienerinnen kommen zurück und bestrafen Papageno für seine Lüge: Sie hängen ihm ein Schloss vor den Mund. Die Frauen zeigen Prinz Tamino ein Bild von Pamina und er verliebt sich in sie. Pamina ist die Tochter der Königin der Nacht.

**4)** Die Königin der Nacht erscheint. Sie bittet Tamino, ihre Tochter Pamina aus der Gewalt des Sonnenkönigs Sarastro zu befreien, der sie entführt hat. Zur Belohnung darf Tamino Pamina heiraten.

# Infokarten

Infokarte 16 b

**5)** Papageno soll Tamino auf dem Weg zu Sarastro begleiten. Die Königin schenkt Tamino eine Zauberflöte und Papageno ein magisches Glockenspiel.
Diese Instrumente sollen die beiden bei Gefahr beschützen.

**6)** Pamina wird von dem Wächter Monostatos bewacht.
Als Papageno sie findet und mit ihr fliehen will, werden sie gefangen genommen und zu Sarastro gebracht.
Auch Tamino ist im Sonnenreich angekommen.

**7)** Sarastro ist ein weiser und gerechter König.
Er hat Pamina mit guter Absicht entführt, weil er sie vor ihrer Mutter, der Königin der Nacht, beschützen will.
Er sieht, dass Tamino und Pamina zusammengehören.
Vorher müssen sie aber Prüfungen bestehen.

**8)** Die Königin der Nacht ist auf Tamino wütend, da er sich Sarastro zugewandt hat. Sie will Sarastro stürzen.

**9)** Doch ihr Plan misslingt. Sie und ihr Gefolge stürzen in die ewige Finsternis.

**10)** Tamino und Pamina erfüllen alle Prüfungen mithilfe der Zauberflöte und dürfen endlich zusammen sein. Auch Papageno bekommt eine Frau: seine Papagena.

Das Gute hat gesiegt.

© Anja Boretzki

## Programm-Musik

Infokarte 17

Das Hören von Musik erzeugt Bilder im Kopf. Bei **Programm-Musik** versuchen die Komponisten, diese Bilder bewusst zu lenken und ein bestimmtes Thema, wie zum Beispiel Geschichten, Naturereignisse oder Gegenstände in ihrem Musikstück nur mit Instrumenten umzusetzen.
Dafür macht der Komponist **typische Geräusche und Klänge** seines Themas musikalisch nach, indem er passende Instrumente und Spielweisen zusammenstellt. Das können zum Beispiel Umweltgeräusche, wie Donnergrollen oder Vogelgezwitscher, sein.
Er kann aber auch Bewegungen oder Eindrücke darstellen, um die Fantasie des Zuhörers zu lenken.
Mit schnellen Tonfolgen kann zum Beispiel eine Jagd oder eine Flucht musikalisch umgesetzt werden.
Der Titel des Musikstücks verrät das „Programm“ und sagt, welches Thema im Musikstück behandelt wird.

Im Musikstück **„Die vier Jahreszeiten“** hat **Antonio Vivaldi** die Jahreszeiten musikalisch umgesetzt. Zu jeder Jahreszeit komponierte er ein kleines Violinenkonzert (Geigenkonzert).
Die Instrumente spielen zum Beispiel den Regen, den Sturm, die Tiere, ein Gewitter oder einen Schlittschuhläufer.

Das 1. Konzert stellt den **Frühling** mit seinen typischen Geräuschen dar.
Man hört, wie der Frühling erwacht.
Eine Geige spielt zum Beispiel das Gezwitscher der Vögel.

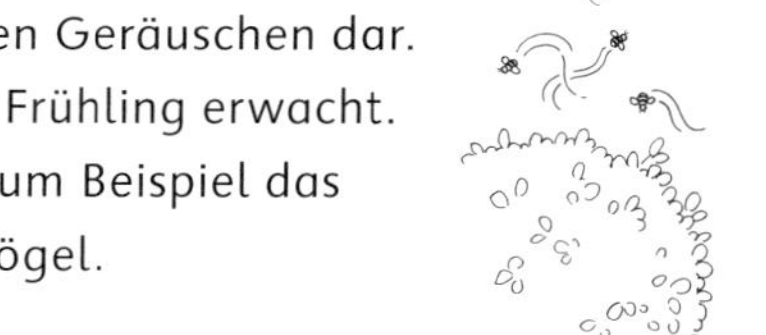

© Eva Spanjardt



© Verlag an der Ruhr | Autorin: Doreen Blumhagen | Illustrationen Icon: Anja Boretzki | ISBN 978-3-8346-4165-6 | www.verlagruhr.de

# Meine Körperinstrumente

Meine Körperinstrumente

Klebefläche Lapbook

Mit den Händen kann ich …

Mit den Füßen kann ich …

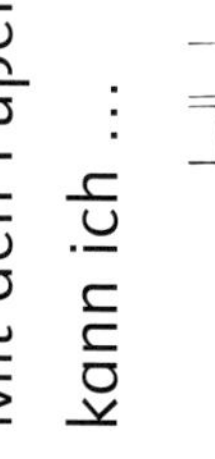

① Schneide das Minibuch aus.

② Falte beide Klappen nach außen.

❸ **Welche Klänge kannst du mit deinen Händen und Füßen machen? Schreibe es auf die Rückseiten der Handklappe und Fußklappe.**

**Tipp:** Die Bilder helfen dir dabei.

❹ **Überlege dir für deinen Vor- und Nachnamen eine Körpermusik. Wähle dazu die passenden Bilder aus. Klebe sie in deiner Reihenfolge in die Mitte des Minibuchs.**

⑤ Klebe das Minibuch mit der Klebefläche auf dein Lapbook.



© Verlag an der Ruhr | Autorin: Doreen Blumhagen | Illustrationen Icon: Anja Boretzki | ISBN 978-3-8346-4165-6 | www.verlagruhr.de

# Wie klingt …?

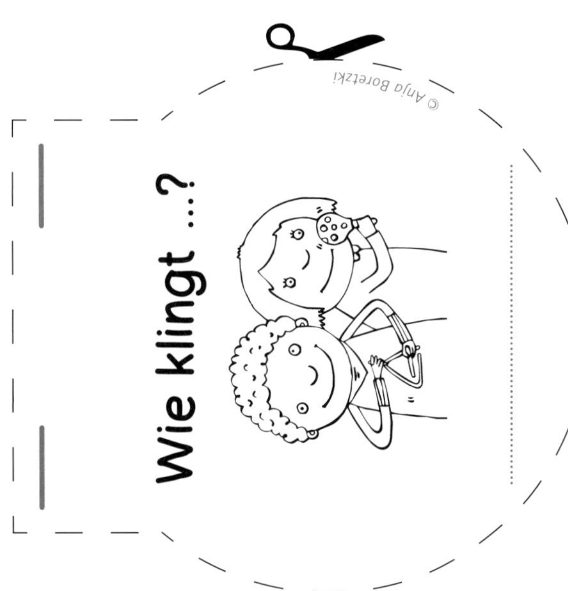

① Schneide die Seiten aus.

② Lege die Seiten aufeinander. Verbinde sie mit einem Heftgerät.

❸ **Welche Gefühle sind auf den Gesichtern zu sehen? Schreibe es unter die Bilder.**

❹ **Mit welchen Orff-Instrumenten kannst du diese Gefühle umsetzen? Schreibe sie auf die Seiten über den Gesichtern.**

⑤ Male passende Zeichen (Symbole) für die Instrumente. Wie sollen die Instrumente gespielt werden? Schreibe es auf, zum Beispiel laut, leise, langsam, schnell, kurz, lang.

⑥ Nimm die leere Seite für weitere Gefühlsgesichter.

# Mein Musik-Tagebuch

© Anja Boretzki

*Klebefläche Lapbook*

① Schneide das Tagebuch aus. Falte es in der Mitte.

② Schneide den Schlitz ein. Falte den Schlüssel nach hinten und stecke ihn zum Verschließen in den Schlitz.

❸ **Schreibe in das Tagebuch über deinen Tag mit Musik, zum Beispiel:**

- **<u>Wann</u> hörst du Musik?**
- **<u>In welchen Situationen</u> hörst du gerne Musik? Warum?**
- **<u>Wo</u> hörst du gerne Musik? Warum?**
- **<u>Wie</u> hörst du Musik (MP3-Player, Radio, Internet, CD-Player, Lautsprecher im Kaufhaus …)?**
- **Welche Musik hörst du gerne?**
- **Hörst du die Musik freiwillig oder unfreiwillig (zum Beispiel MP3 abspielen oder Lautsprecher im Kaufhaus …)?**

④ Klebe das Minibuch mit der Klebefläche auf dein Lapbook.

# Meine Lieblingsmusik

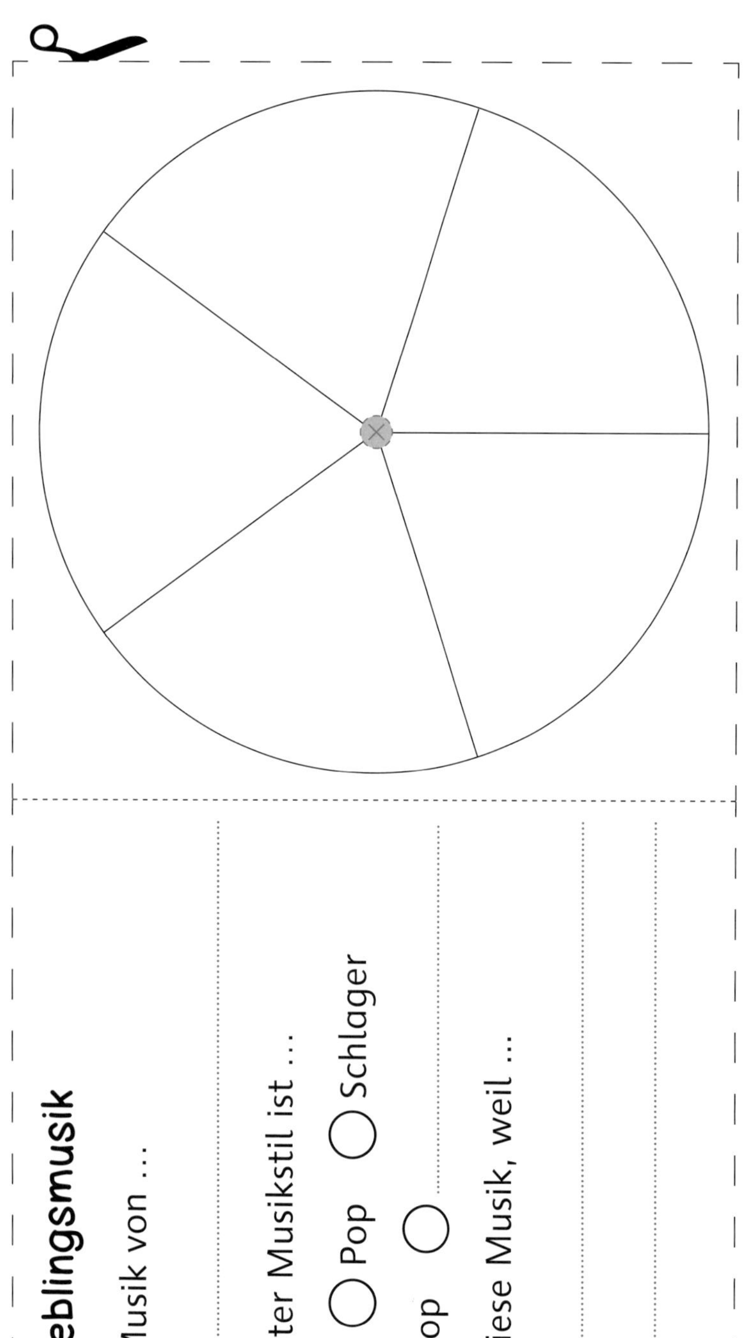


① Schneide die Vorlagen aus und falte die CD-Hülle in der Mitte.

② Stich die grauen Punkte durch.

③ Lege die Kreise aufeinander. Verbinde beide mit einer Musterbeutelklammer.

❹ **Fülle den Steckbrief über deine Lieblingsmusik aus.**

❺ **Wie heißen deine Lieblingslieder? Schreibe in jedes Feld des Drehkreises ein Lied.**

❻ **Gestalte die CD-Hülle passend zu deiner Lieblingsmusik.**

⑦ Klebe die CD-Hülle mit der Rückseite auf dein Lapbook.

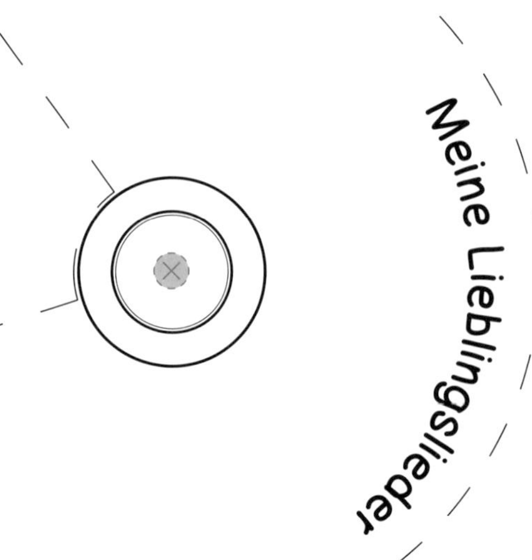


© Verlag an der Ruhr | Autorin: Doreen Blumhagen | Illustrationen Icons: Anja Boretzki | ISBN 978-3-8346-4165-6 | www.verlagruhr.de

# Mein Instrument

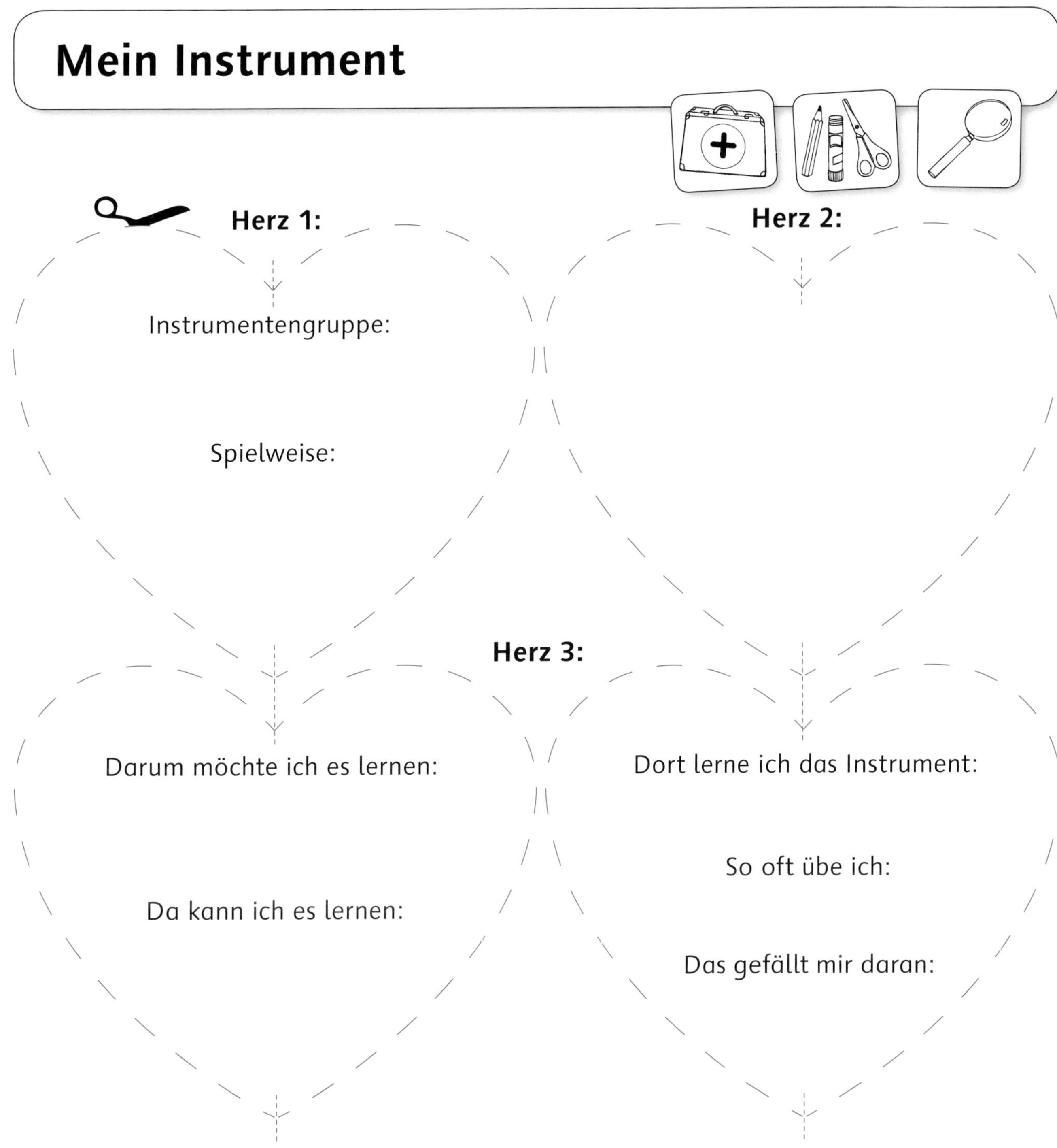


❶ **Hast du ein Lieblingsinstrument? Spielst du ein Instrument oder möchtest du eines lernen?**

**<u>Herz 1:</u> Schreibe die Instrumentengruppe und die Spielweise deines Instrumentes auf. Wie wird es gespielt? Schreibe es auf (→ Infokarte 5–12).**
**<u>Herz 2:</u> Schreibe den Namen des Instruments auf. Male ein Bild deines Instruments auf.**

**<u>Herz 3:</u> Wähle ein Herz aus und beantworte die Fragen.**

② Schneide deine drei ausgefüllten Herzen aus und falte sie in der Mitte.
③ Klebe Herz 2 mit der linken Rückseite auf Herz 1. Klebe Herz 3 mit der linken Rückseite auf Herz 2.
④ Klebe das Herzbuch mit der linken Rückseite von Herz 1 und der rechten Rückseite von Herz 3 auf dein Lapbook.

# Wie sehen Noten aus?

① Schneide Vorlage 1 aus.

② Falte alle Klappen zur Mitte.

❸ **Schreibe unter die Klappen, wie die Teile der Note heißen:** *Notenkopf, Notenhals, Notenfähnchen* **(→ Infokarte 1).**

❹ **Klebe das Minibuch mit der Klebefläche auf dein Lapbook.**

**Vorlage 1:**

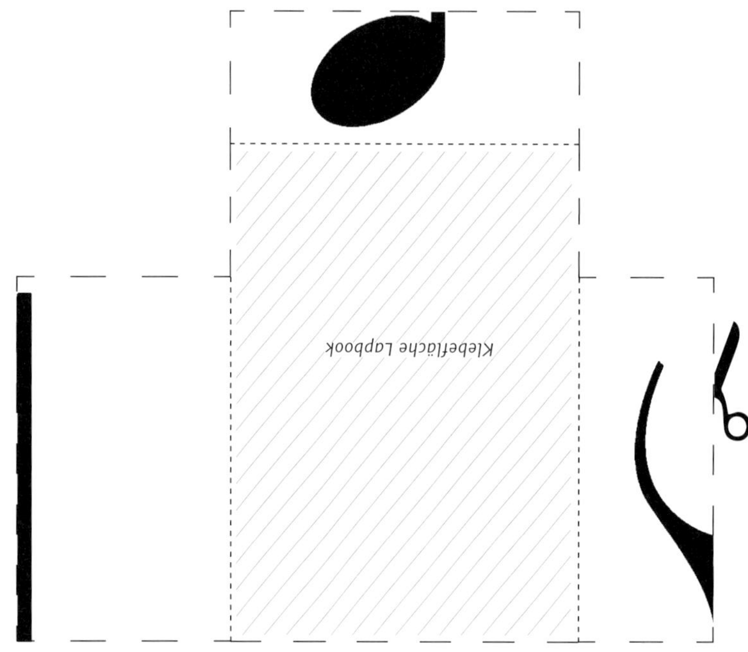


**Vorlage 2:**

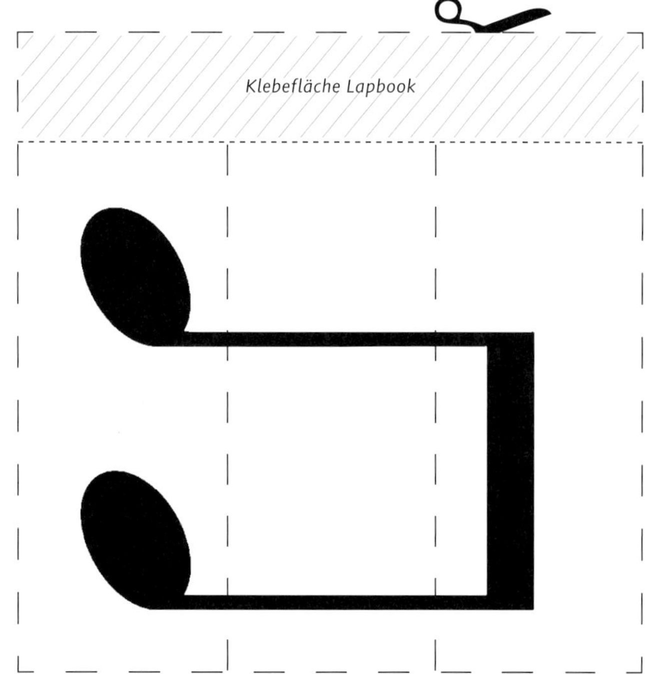


⑤ Schneide Vorlage 2 aus. Schneide die Klappen ein.

⑥ Falte die Klebefläche nach hinten.

❼ **Schreibe unter die Klappen, wie die Teile der Note heißen:** *Notenbalken, Notenkopf, Notenhals* **(→ Infokarte 1).**

⑧ Klebe das Minibuch mit der Klebefläche auf dein Lapbook.

# Der Notenschlüssel

Der Notenschlüssel

Male einen Punkt auf die G-Linie.

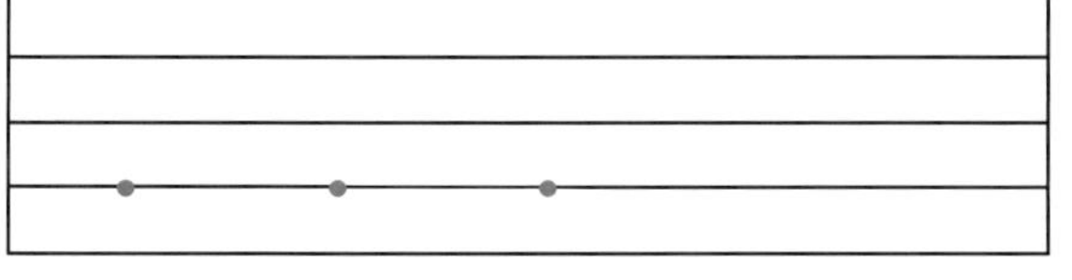

Male daran einen Kringel …

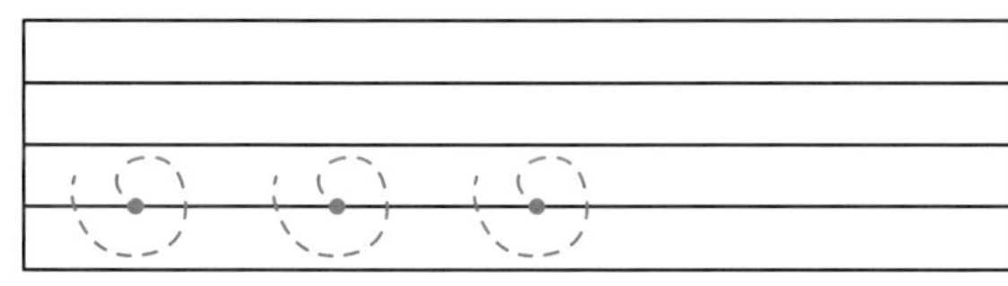

… mit einem langen Hals …

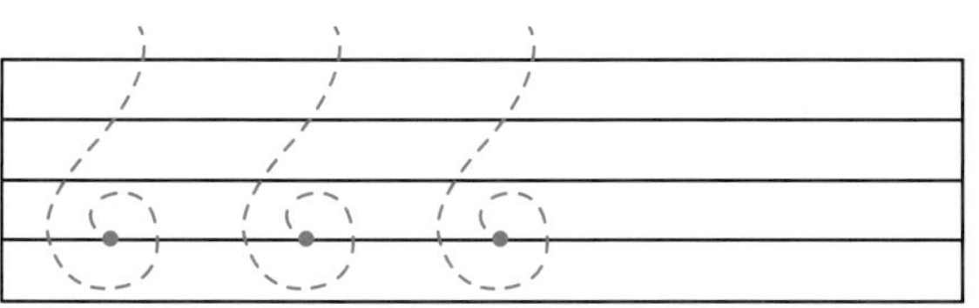

… und einem Fuß.

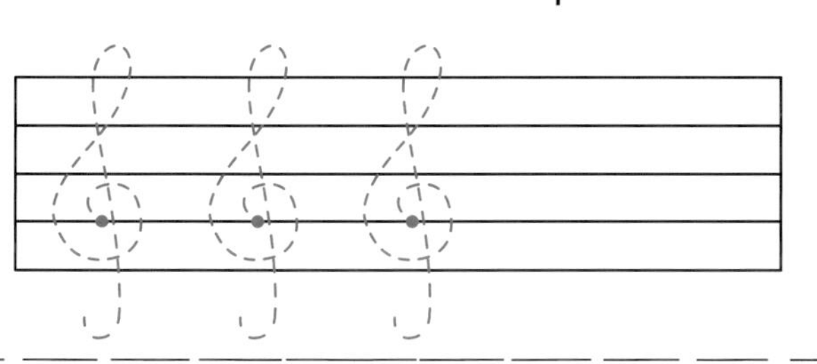

① Schneide die Vorlage aus.

② Falte abwechselnd nach vorn und zurück. Die Titelseite ist oben.

❸ **Informiere dich über den Notenschlüssel (→ Infokarte 2).**

❹ **Male den Notenschlüssel auf der Titelseite farbig.**

❺ **Notiere dir wichtige Informationen zum Notenschlüssel auf der Rückseite des Minibuchs.**

❻ **Übe, den Violinschlüssel zu schreiben. Die Anleitung findest du im Minibuch. Spure dazu die Schritte nach. Male die Zeile immer fertig.**

⑦ Klebe das Minibuch mit der Rückseite auf dein Lapbook.

# Die Notenwerte

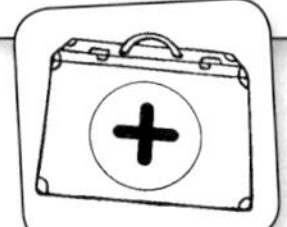

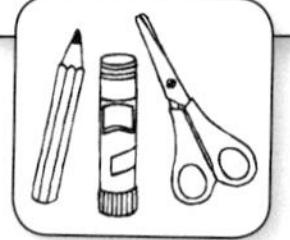

Die Notenwerte

Aussehen:

1 ganze Note

Aussehen:

1 halbe Note

Aussehen:

1 Viertelnote

Aussehen:

1 Achtelnote

Aussehen:

2 Achtelnoten

2 Schläge

4 Schläge

½ Schlag

1 Schlag

2 x ½ Schlag

① Schneide die Vorlage aus und die Klappen ein.

② Falte die Klappen abwechselnd nach vorn und zurück.

❸ **Wie sehen die verschiedenen Notenwerte aus? (→ Infokarte 1)**

**a) Male die Noten auf jeder Klappe in die Kästchen.**

**b) Beschreibe, wie die Note aussieht:**

- leerer oder voller Notenkopf?
- ohne oder mit Notenhals?
- mit Fähnchen oder Balken am Notenhals?

❹ **Wie viele Schläge dauert jeder Notenwert? Schneide die Karten aus. Klebe sie auf die passenden Rückseiten der Klappen.**

© Verlag an der Ruhr | Autorin: Doreen Blumhagen | Illustrationen Icons: Anja Boretzki | ISBN 978-3-8346-4165-6 | www.verlagruhr.de

# Das Notensystem

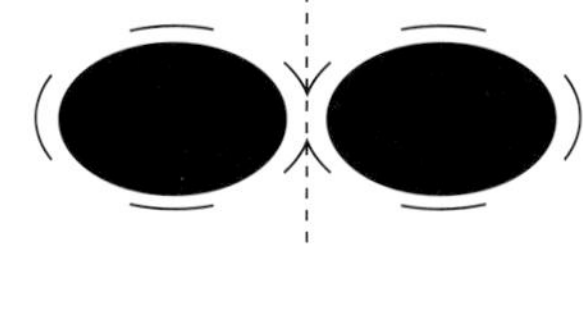

Das Notensystem

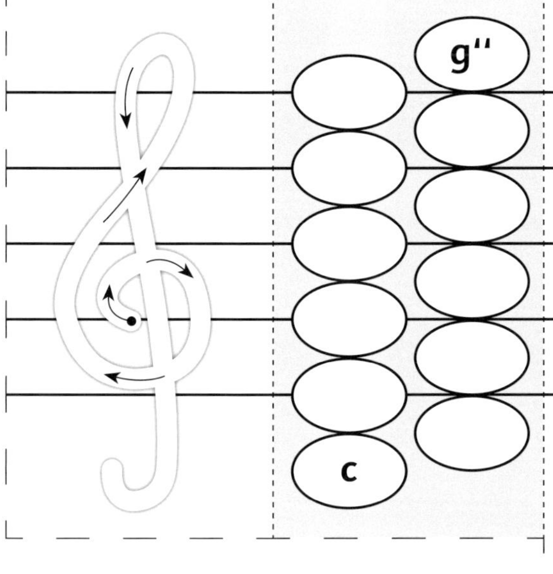


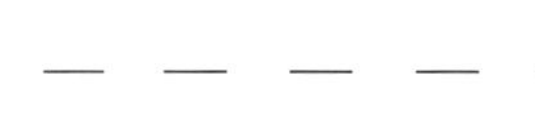

❶ **Schreibe die Notennamen in die Notenköpfe.**
**Spure dann den Notenschlüssel nach.**

② Schneide die Vorlagen aus.

③ Falte die graue Klappe mit den Noten nach innen und den Notenschlüssel nach außen.

④ Klebe das Minibuch auf dein Lapbook. Stich die grauen Punkte durch.

⑤ Schneide den doppelten Notenkopf aus. Falte ihn zusammen.
Lege ihn um einen 30 cm langen Faden. Klebe ihn an der Mitte des Fadens fest.

⑥ Ziehe den Faden durch die Löcher. Knote ihn hinten zusammen.

❼ **Übe mit deinem Minibuch das Lesen von Notentönen.**
- Ziehe am Faden, um den Notenkopf auf den Notenlinien zu bewegen.
- Nenne den Namen des Tons.
- Kontrolliere, indem du das Minibuch öffnest.

❽ **Schreibe auf die Rückseite des Notenschlüssels wichtige Informationen über das Notensystem (→ Infokarte 2).**

# Die C-Dur-Tonleiter

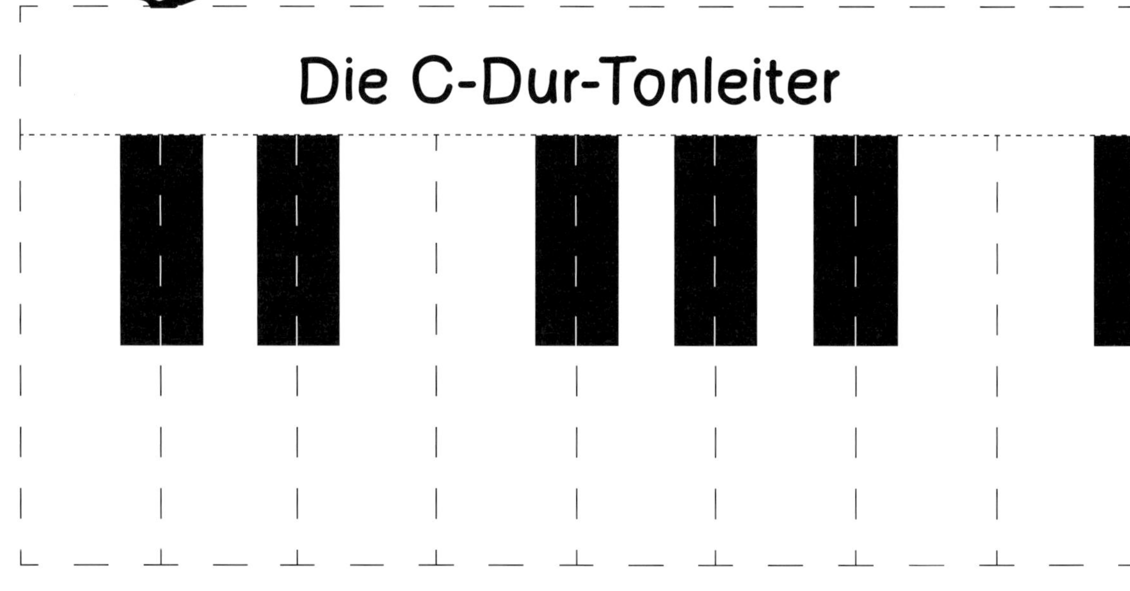


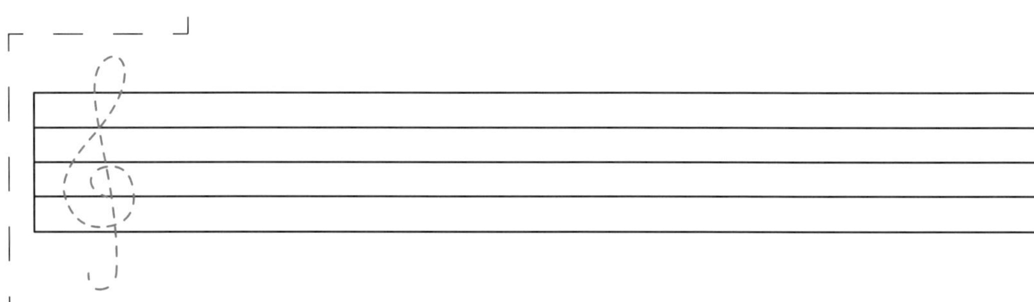


① Schneide beide Vorlagen aus.
Schneide die Tasten ein.

② Klebe das Klavier mit der Rückseite auf die Klebefläche von Teil 2.

③ Spure den Notenschlüssel nach.

❹ **Schreibe die Notennamen der C-Dur-Tonleiter auf die Rückseiten der richtigen Klappen (→ Infokarte 2 und 5).**

❺ **Wie werden die Noten im Notensystem geschrieben? Male die Noten unter die Klappen auf die Notenlinie.**

⑥ Klebe das Minibuch mit der Rückseite auf dein Lapbook.

# Die Pausenwerte

Pausenwerte

*Klebefläche Lapbook*

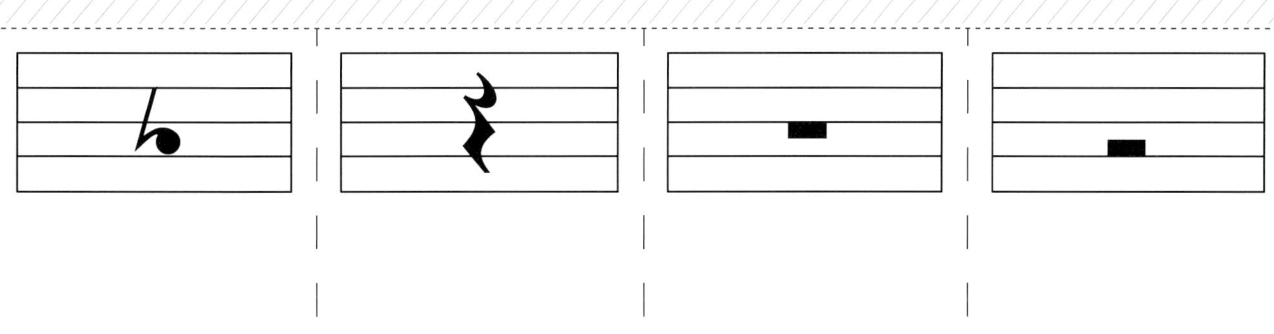

① Schneide die Vorlage aus.

② Falte alle kleinen Klappen zur Mitte.
Falte die große Klappe darüber.

③ Was bedeutet eine Pause in der Musik?
Schreibe es auf die Rückseite der großen Klappe
(➔ Infokarte 3).

❹ **Schreibe über die Pausenzeichen auf den kleinen Klappen, wie die Pausen heißen:** *Achtelpause, ganze Pause, Viertelpause, halbe Pause.*

❺ **Wie, findest du, sehen die Pausen aus? Beschreibe sie auf den Rückseiten der Klappen.**

❻ **Wie viele Schläge dauern die Pausen? Schreibe es unter die Klappen:** *1 halber Schlag, 1 Schlag, 2 Schläge, 4 Schläge.*

⑦ Klebe das Minibuch mit der Klebefläche auf dein Lapbook.

# Die Taktarten

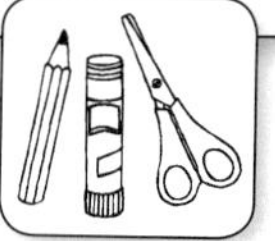

**Tasche:**

**Taktstreifen:**

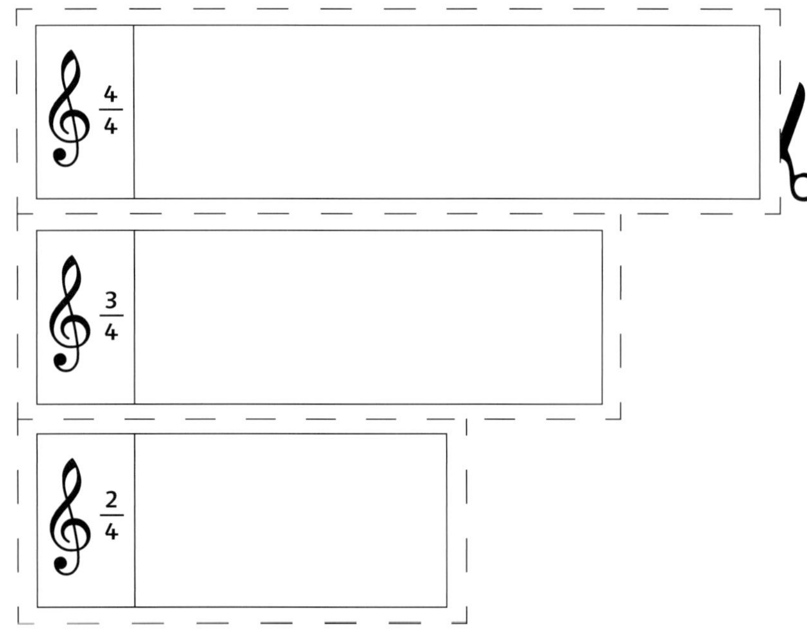


① Schneide die Tasche aus.

② Falte die große Klebefläche nach hinten. Falte die kleinen Klebeflächen darüber und klebe sie auf der Rückseite fest. Falte die Klappe darüber.

③ Schneide die Taktstreifen aus. Bewahre sie in der Tasche auf.

❹ **Wie viele Schläge haben die Takte? Schreibe es klein auf die Rückseite (→ Infokarte 4).**

⑤ Stecke die Taktstreifen in die Tasche.

# Die Taktarten – Die Notenwerte

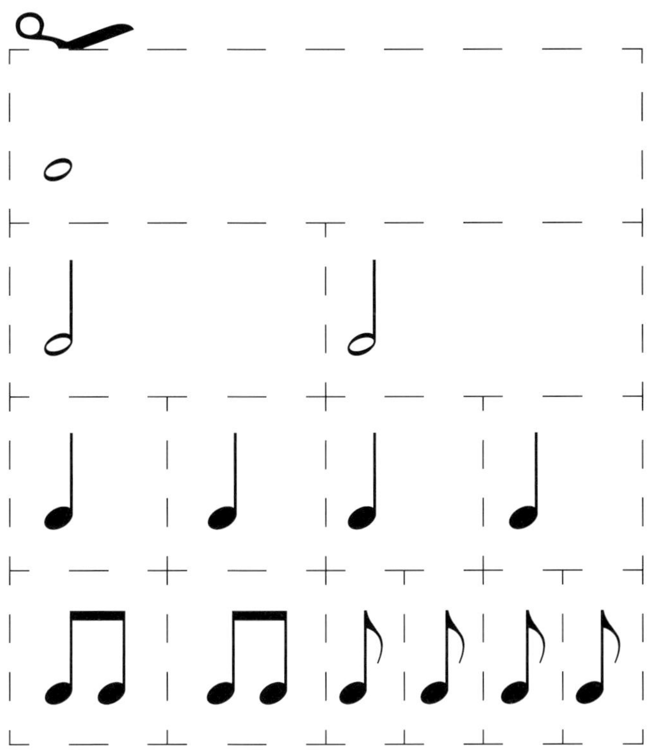

① Schneide die Notenwerte aus.

❷ **Wie viele Schläge dauert jede Note? Schreibe es auf die Rückseiten (→ Infokarte 1).**

❸ **Lege mit den Notenwerten auf den Taktstreifen Rhythmen im 2/4-, 3/4- und 4/4-Takt (→ Infokarte 4).**
**Tipp:** Ein Takt ist vollständig, wenn kein Platz mehr ist.

❹ **Zeichne ein Beispiel für jeden Takt auf die Rückseite der Taktstreifen.**

⑤ Bewahre die Notenwerte in der Tasche auf.

© Verlag an der Ruhr | Autorin: Doreen Blumhagen | Illustrationen Icons: Anja Boretzki
ISBN 978-3-8346-4165-6 | www.verlagruhr.de

# Die Taktarten – Die Pausenwerte

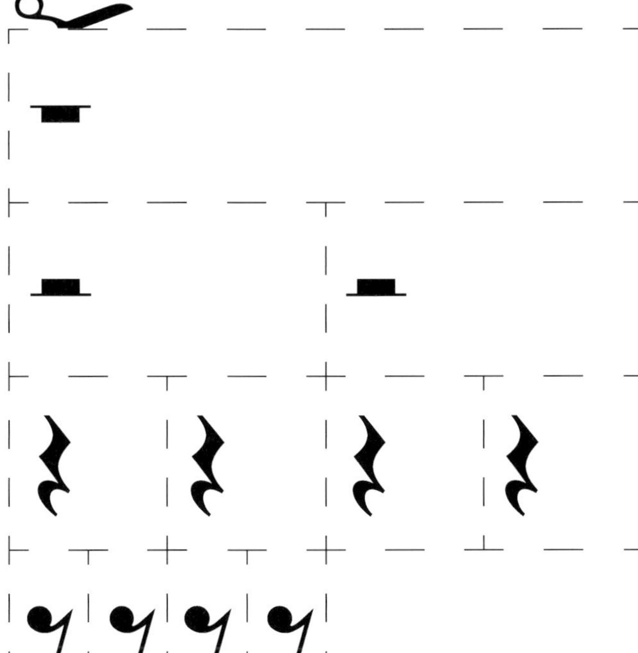

① Schneide die Pausen aus.

❷ **Wie viele Schläge dauert jede Pause? Schreibe es auf die Rückseiten (→ Infokarte 1).**

❸ **Lege mit den Noten- und Pausenwerten auf den Taktstreifen Rhythmen im 2/4-, 3/4- und 4/4-Takt (→ Infokarte 4).**
**Tipp:** Ein Takt ist vollständig, wenn kein Platz mehr ist.

❹ **Zeichne ein Beispiel für jeden Takt auf die Rückseite der Taktstreifen.**

⑤ Bewahre die Pausen in der Tasche auf.

© Verlag an der Ruhr | Autorin: Doreen Blumhagen | Illustrationen Icons: Anja Boretzki
ISBN 978-3-8346-4165-6 | www.verlagruhr.de

Noten/Pausenzeichen © dikobraziy – Shutterstock.com

# Töne auf dem Stabspiel

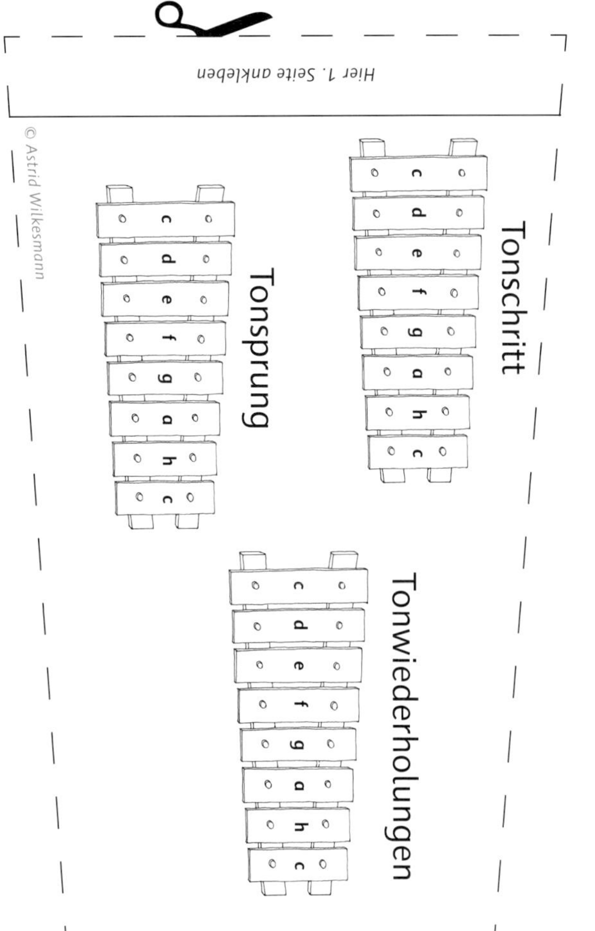


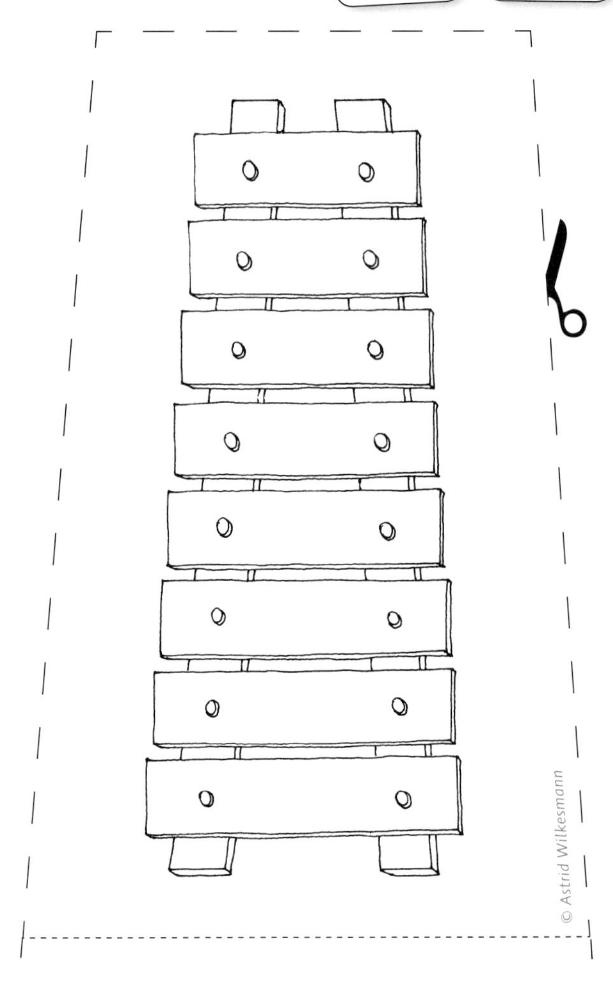


① Schneide beide Vorlagen aus.

② Falte die Klebefläche am Stabspiel nach hinten und klebe es auf die 2. Seite.

❸ **Schreibe die Notennamen auf die Klangplatten (→ Infokarte 5).**

❹ **Wie spielst du auf dem Stabspiel einen Tonschritt, einen Tonsprung oder eine Tonwiederholung? Male die passenden Klangplatten farbig aus. Zeichne immer einen Schlägel für den 1. Schlag und einen für den 2. Schlag auf die Klangplatten (→ Infokarte 5).**

⑤ Klebe das Minibuch mit der Rückseite auf dein Lapbook.

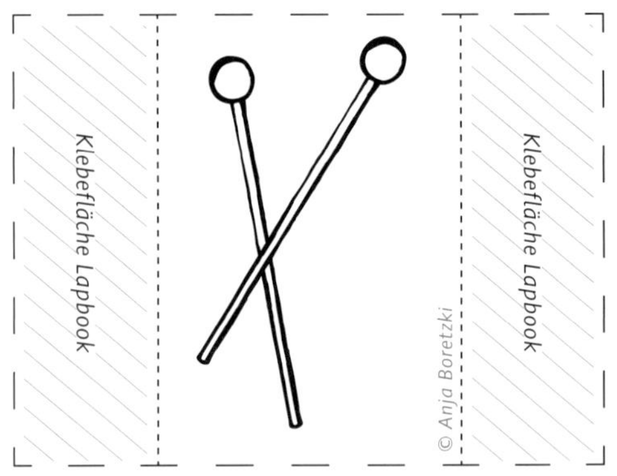


**Tipp:** Bastle dir aus 2 Wattestäben Schlägel. Schneide dazu je einen Wattekopf ab. Übe mit deinen Schlägeln auf dem Glockenspiel. Summe die Töne leise selbst mit. Klebe den Halter auf dein Lapbook.

© Verlag an der Ruhr | Autorin: Doreen Blumhagen | Illustrationen Icons: Anja Boretzki | ISBN 978-3-8346-4165-6 | www.verlagruhr.de

# Instrumentengruppen

© Anja Boretzki

© Anja Boretzki

Klebefläche Lapbook

Klebefläche Lapbook

© Anja Boretzki

© Anja Boretzki

Klebefläche Lapbook

Die Instrumentengruppen

① Schneide die Klappen aus. Falte sie in der Mitte.

❷ **Informiere dich über die Instrumentengruppen (→ Infokarten 6–9).**

❸ **Was haben Instrumente einer Instrumentengruppe gemeinsam? Schreibe es in die Klappe „Die Instrumentengruppen".**

❹ **Zu welchen Gruppen gehören die Instrumente auf den Bildern? Schreibe es unter die Bilder.**

❺ **Schreibe in die Klappen:**
- **Welche Untergruppen gehören dazu?**
- **Wie spielt man die Instrumente?**
- **Nenne 2 Instrumentenbeispiele für jede Gruppe.**

⑥ Klebe die Klappen untereinander auf dein Lapbook.

# Streichinstrumente

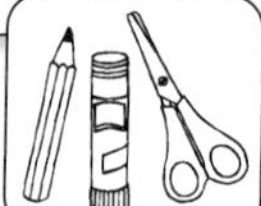

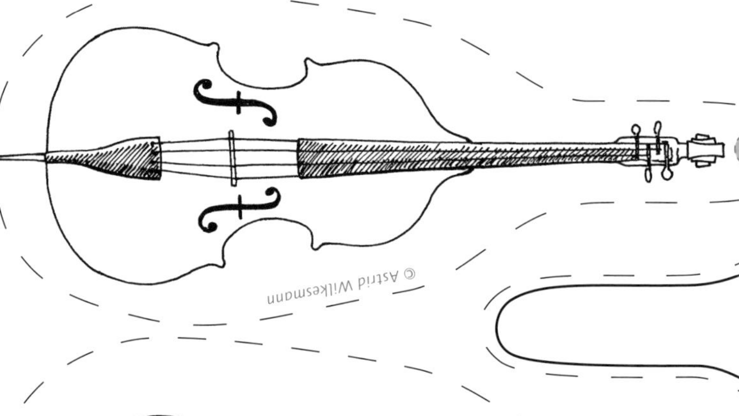


Die Streichinstrumente

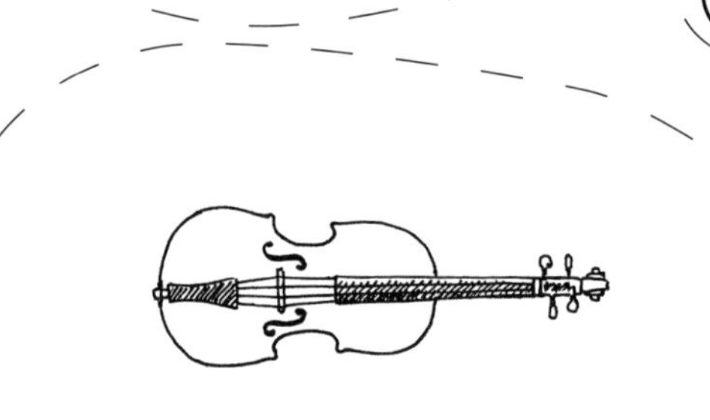


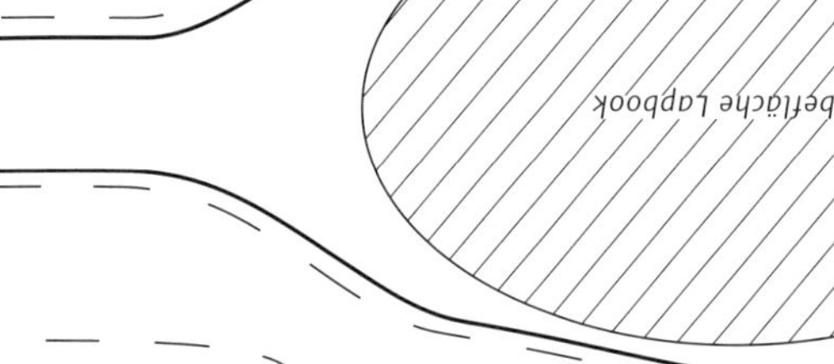

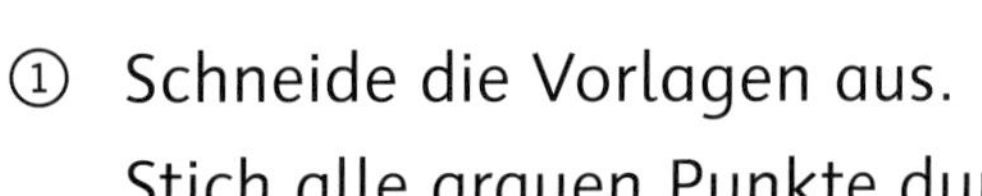

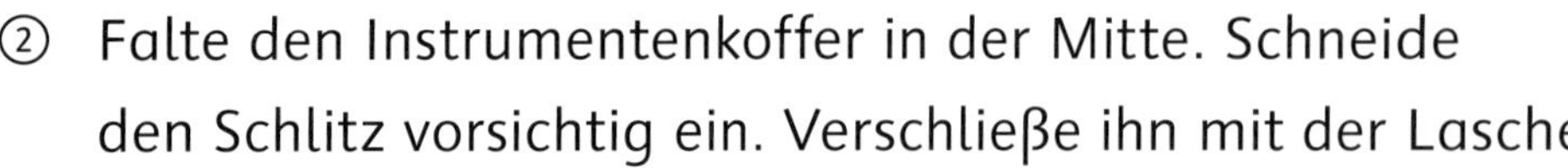

① Schneide die Vorlagen aus.
Stich alle grauen Punkte durch.

② Falte den Instrumentenkoffer in der Mitte. Schneide den Schlitz vorsichtig ein. Verschließe ihn mit der Lasche.

❸ **Was ist das Besondere an den Streichinstrumenten? Schreibe es in den Koffer (→ Infokarte 6).**

❹ **Wie heißen die abgebildeten Instrumente? Schreibe die Namen auf die Rückseiten:** *Bratsche, Cello, Geige (Violine), Kontrabass.*

⑤ Lege die Seiten in den Koffer. Verbinde den Koffer und die Instrumente mit einer Musterbeutelklammer.

⑥ Klebe das Minibuch mit der Klebefläche auf dein Lapbook.

# Zupfinstrumente

Klebefläche

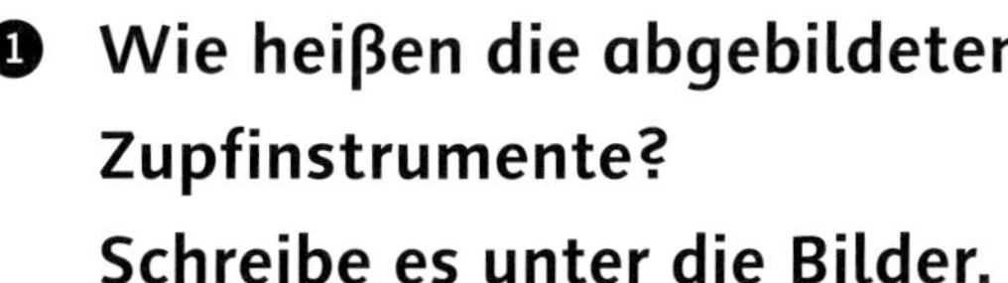

❶ **Wie heißen die abgebildeten Zupfinstrumente? Schreibe es unter die Bilder.**

❷ **Was ist das Besondere an den Zupfinstrumenten? Schreibe es in den Kreisbogen (➔ Infokarte 6).**

③ Schneide die Vorlagen aus.

④ Falte alle Faltlinien zur Mitte. Klebe die Klebefläche auf der Rückseite der rechten Seite fest.

⑤ Knicke zum Verschließen des Minibuchs den Kreisbogen nach oben.

⑥ Klebe die Überschrift auf die Titelseite.

⑦ Klebe das Minibuch mit der Rückseite auf dein Lapbook.

# Die Geige (Violine) und die Gitarre

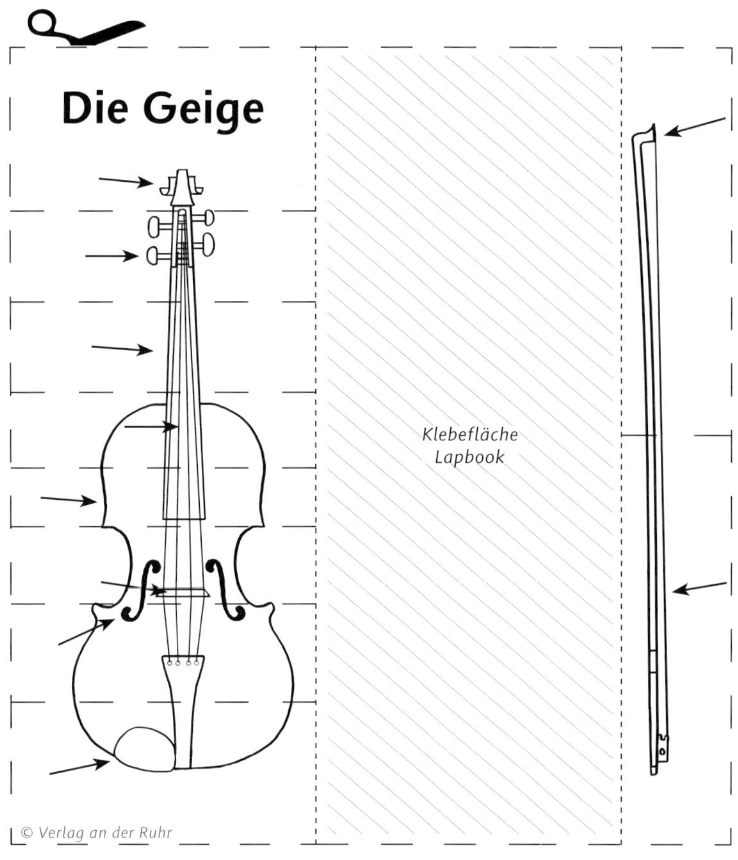


① Schneide die Vorlage aus.
② Falte die Klappen nach hinten.
❸ **Informiere dich über die Geige (➔ Infokarte 10).**
❹ **Auf welche Teile der Geige zeigen die Pfeile? Schreibe auf die Rückseiten der Klappen:** *Bogen, f-Löcher, Hals, Kinnhalter, Körper, Pferdehaar, Saiten, Schnecke, Steg, Wirbel.*
❺ **Schreibe in das Minibuch wichtige Infos zur Geige.**
⑥ Klebe das Minibuch mit der Klebefläche auf dein Lapbook.

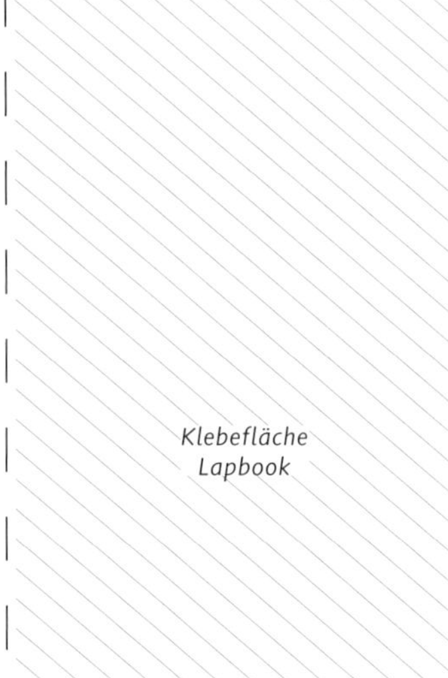


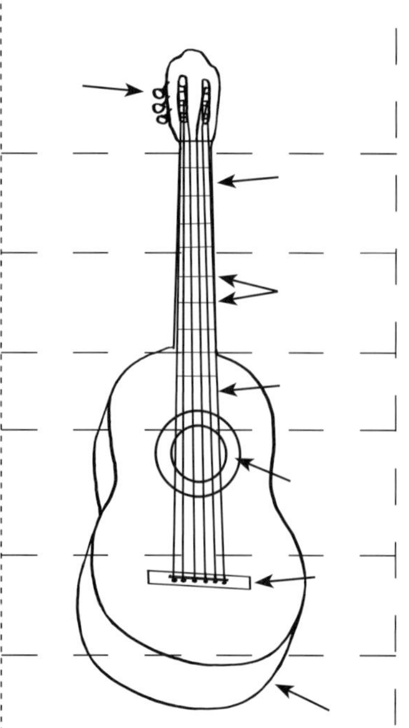


① Schneide die Vorlage aus.
② Falte die Klappen nach hinten.
❸ **Informiere dich über die Gitarre (➔ Infokarte 10).**
❹ **Auf welche Teile der Gitarre zeigen die Pfeile? Schreibe auf die Rückseiten der Klappen:** *Bünde, Hals, Körper, Saiten, Schallloch, Steg, Wirbel.*
❺ **Schreibe in das Minibuch wichtige Infos zur Gitarre.**
⑥ Klebe das Minibuch mit der Klebefläche auf dein Lapbook.

© Verlag an der Ruhr | Autorin: Doreen Blumhagen | Illustrationen Icons: Anja Boretzki
ISBN 978-3-8346-4165-6 | www.verlagruhr.de

# Blechblasinstrumente

Die Blechblasinstrumente

Klebefläche Lapbook




① Schneide die Vorlage aus. Schneide die dicke Schneidelinie ein.

② Falte die Seite mit „Die Blechblasinstrumente" nach hinten. Falte nun abwechselnd nach vorn und nach hinten, bis nur noch ein Dreieck zu sehen ist.

❸ **Wie heißen die abgebildeten Blechblasinstrumte? Schreibe es über die Bilder.**

❹ **Was ist das Besondere an Blechblasinstrumenten? Schreibe es auf die Rückseiten des Minibuchs (→ Infokarte 7).**

⑤ Klebe das Minibuch mit der Klebefläche auf dein Lapbook.

# Holzblasinstrumente

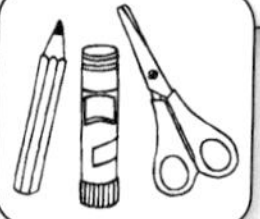

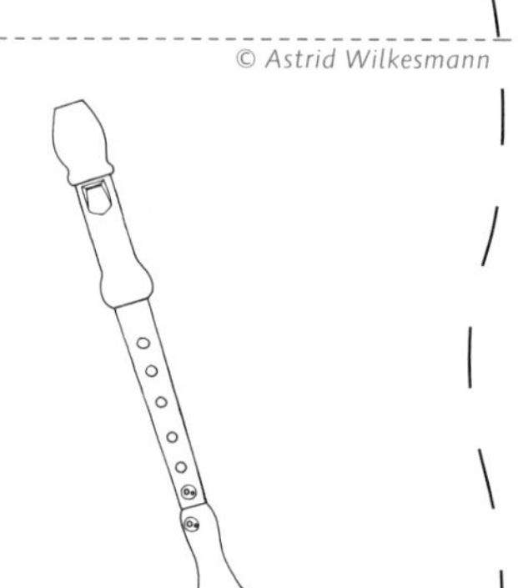

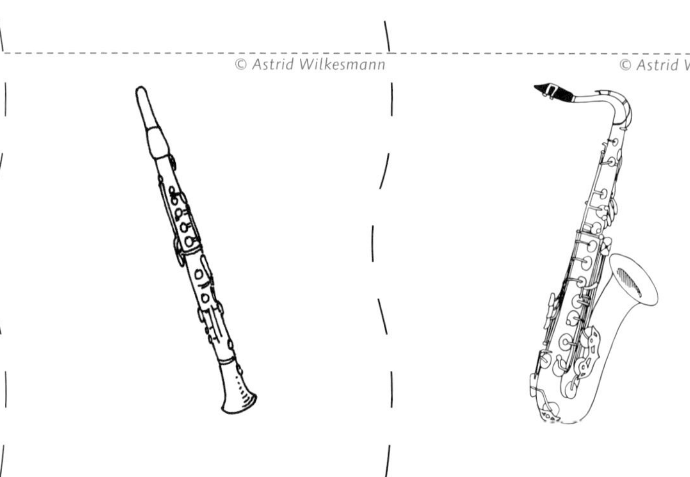

① Schneide die Vorlage aus.

② Lege die Seiten aufeinander und hefte sie zusammen.

❸ **Wie heißen die abgebildeten Holzblasinstrumente? Schreibe die Namen zu den Bildern.**

❹ **Was ist das Besondere an Holzblasinstrumenten? Schreibe es auf die Rückseite der Titelseite (→ Infokarte 7).**

⑤ Klebe das Minibuch mit der Rückseite auf dein Lapbook.

© Verlag an der Ruhr | Autorin: Doreen Blumhagen | Illustrationen Icons: Anja Boretzki | ISBN 978-3-8346-4165-6 | www.verlagruhr.de

# Die Blockflöte und die Trompete

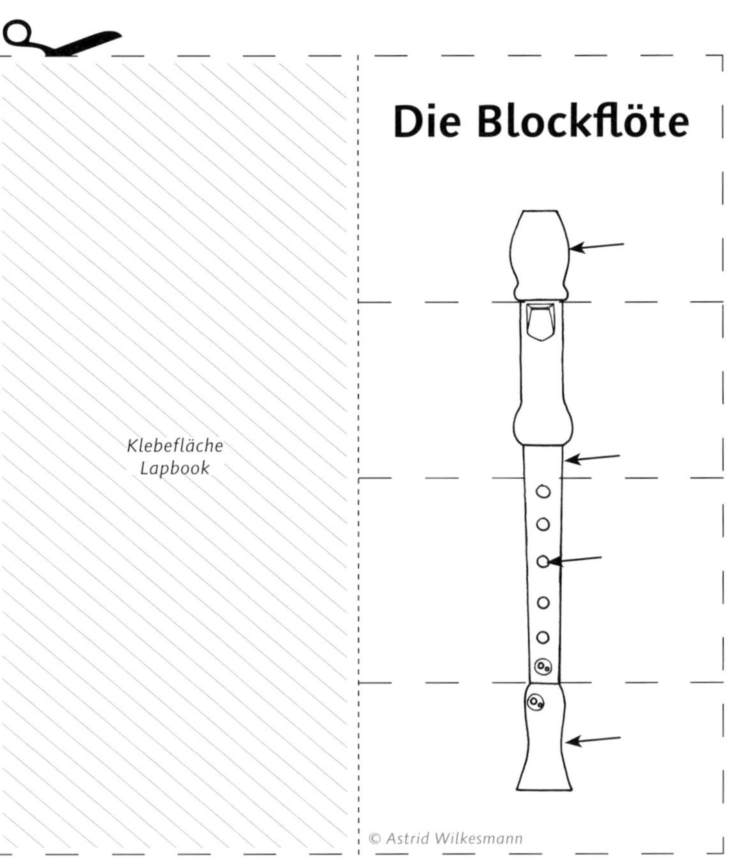


① Schneide die Vorlage aus.
② Falte die Klappen nach hinten.
❸ **Informiere dich über die Blockflöte (→ Infokarte 11).**
❹ **Auf welche Teile der Blockflöte zeigen die Pfeile? Schreibe auf die Rückseiten der Klappen:** *Grifflöcher, Mundstück, Schallbecher, Schallröhre.*
❺ **Schreibe in das Minibuch wichtige Informationen zur Blockflöte.**
⑥ Klebe das Minibuch mit der Klebefläche auf dein Lapbook.

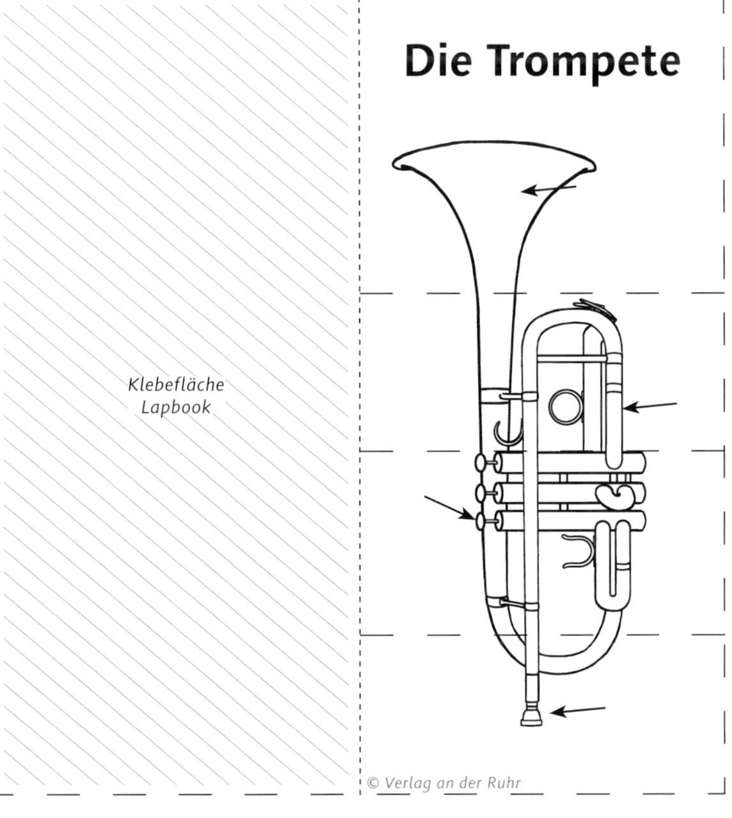


① Schneide die Vorlage aus.
② Falte die Klappen nach hinten.
❸ **Informiere dich über die Trompete (→ Infokarte 11).**
❹ **Auf welche Teile zeigen die Pfeile? Schreibe auf die Rückseiten der Klappen:** *Mundstück, Schallröhre, Schalltrichter, Ventile.*
❺ **Schreibe in das Minibuch wichtige Infos zur Trompete.**
⑥ Klebe das Minibuch mit der Klebefläche auf dein Lapbook.



© Verlag an der Ruhr | Autorin: Doreen Blumhagen | Illustrationen Icons: Anja Boretzki
ISBN 978-3-8346-4165-6 | www.verlagruhr.de

# Tasteninstrumente

## Tasten-
## instrumente

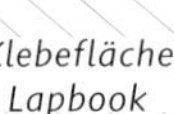

Klebefläche
Lapbook

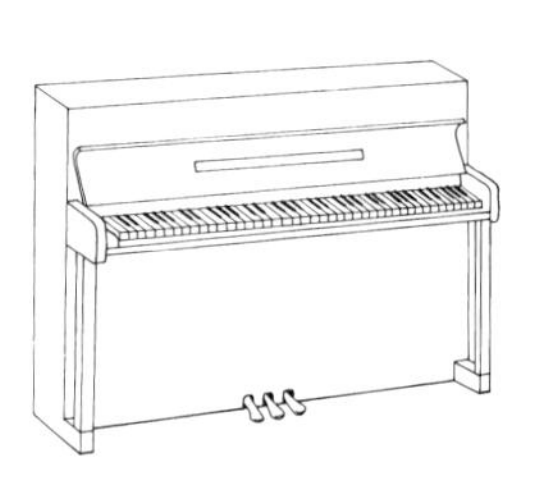



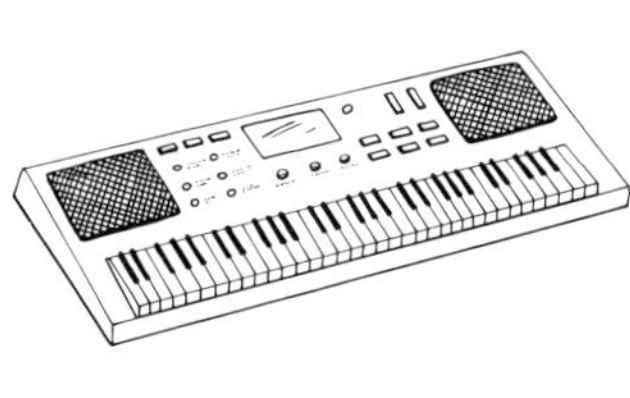

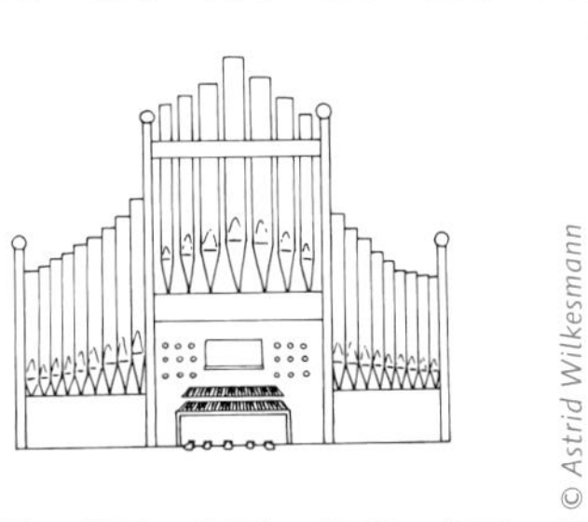



① Schneide die Vorlage aus.

② Falte erst die kleinen Klappen nach hinten.
Falte dann die lange Klappe darüber.

❸ **Wie heißen die abgebildeten Tasteninstrumente?**
**Schreibe es auf die Rückseite der Klappen.**

❹ **Wie werden Tasteninstrumente gespielt?**
**Schreibe es auf die Rückseite der langen Klappe.**
**Du kannst auch bei jedem einzelnen Instrument aufschreiben, wie es gespielt wird. Schreibe es in die Mitte**
**(→ Infokarte 8).**

⑤ Klebe das Minibuch mit der Klebefläche auf dein Lapbook.

# Das Klavier

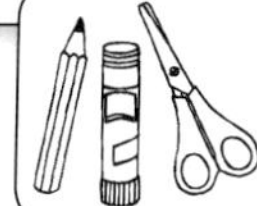

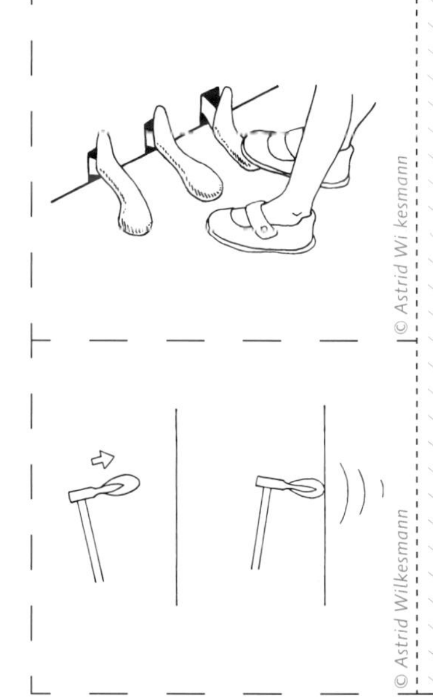

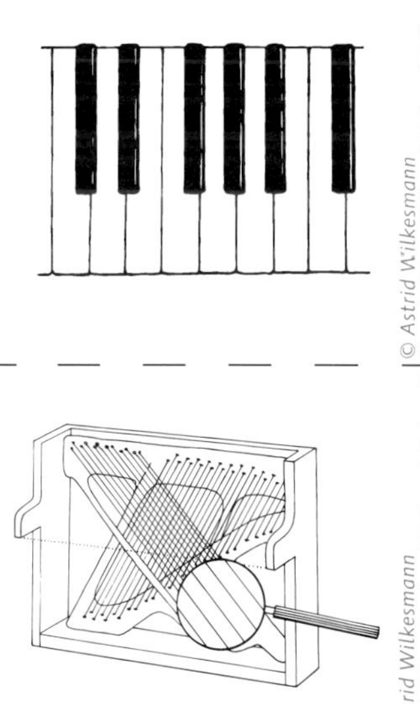



① Schneide die Vorlage aus.

② Falte erst die kleinen Klappen nach hinten. Falte dann die Klappe mit der Überschrift „Das Klavier" darüber.

❸ **Wie heißen die abgebildeten Teile des Klaviers? Schreibe es unter die Bilder (→ Infokarte 8).**

❹ **Erkläre auf den Rückseiten der Klappen: Welche Bedeutung haben die einzelnen Teile, um einen Ton beim Klavierspielen zu erzeugen?**

⑤ Klebe das Minibuch mit der Klebefläche auf dein Lapbook.

# Schlaginstrumente

① Schneide die Vorlage aus.

② Falte erst die Einzelklappen zur Mitte.

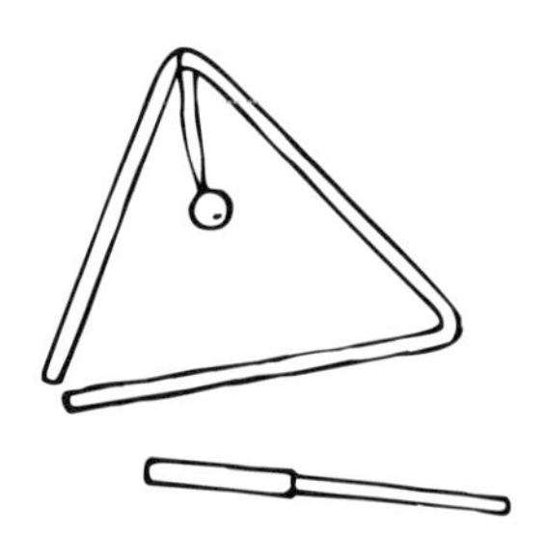


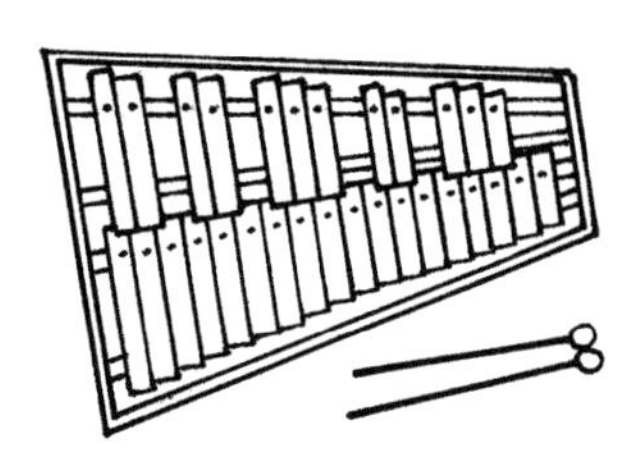

③ Falte die Klappe mit dem Schlagzeug zur Mitte und dann die Klappe mit der Überschrift „Die Schlaginstrumente" nach außen, sodass sie jetzt oben ist.

❹ **Wie heißen die abgebildeten Schlaginstrumente? Schreibe es unter die Bilder (→ Infokarte 9).**

Die Schlaginstrumente

❺ **Was ist das Besondere an Schlaginstrumenten? Schreibe es auf die Rückseite der langen Klappe.**

❻ **Du kennst noch weitere Schlaginstrumente? Schreibe und male sie auf die leeren Rückseiten der Seitenklappen.**

⑦ Klebe das Minibuch mit der Rückseite auf dein Lapbook.

# Orff-Instrumente

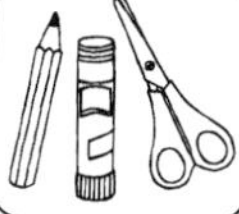

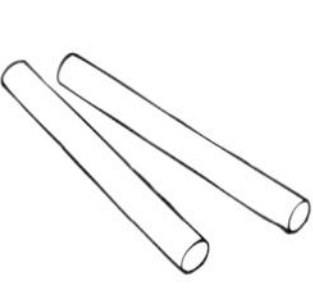


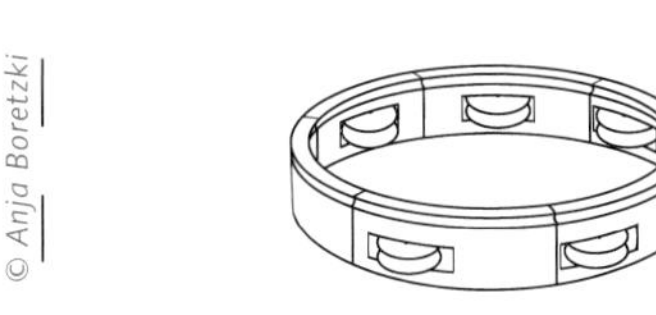

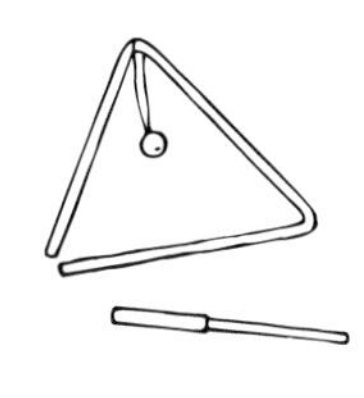


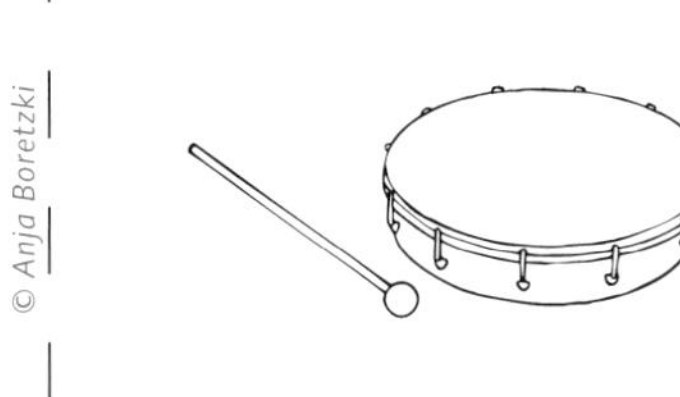


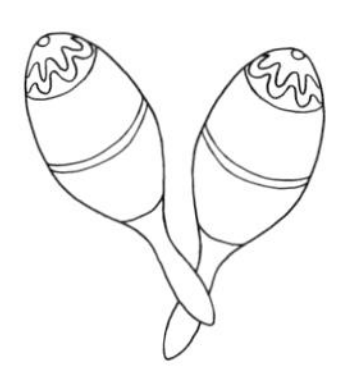


**Karten:**

① Schneide die Karten aus.

❷ **Wie heißen die Orff-Instrumente? Schreibe es auf die Rückseiten der Karten.**

**Tasche:**

③ Schneide die Tasche aus. Schneide den Schlitz ein.

④ Falte die beiden Seitenklappen nach hinten. Falte dann die Klappe mit Schlitz nach hinten. Falte zum Schluss die Dreiecksklappe nach hinten.

⑤ Stecke die Dreiecksklappe zum Verschließen in den Schlitz.

⑥ Klebe die Tasche mit der Klebefläche auf dein Lapbook.

⑦ Stecke die Karten in die Tasche.

⑧ Du kennst noch andere Orff-Instrumente? Male weitere Karten und beschrifte sie.

❾ **Finde heraus, woher die Orff-Instrumente ihren Namen haben. Schreibe es in die geöffnete Tasche (→ Infokarte 12).**

© Verlag an der Ruhr | Autorin: Doreen Blumhagen | Illustrationen Icons: Anja Boretzki | ISBN 978-3-8346-4165-6 | www.verlagruhr.de

# Das Sinfonieorchester – Klebeplan

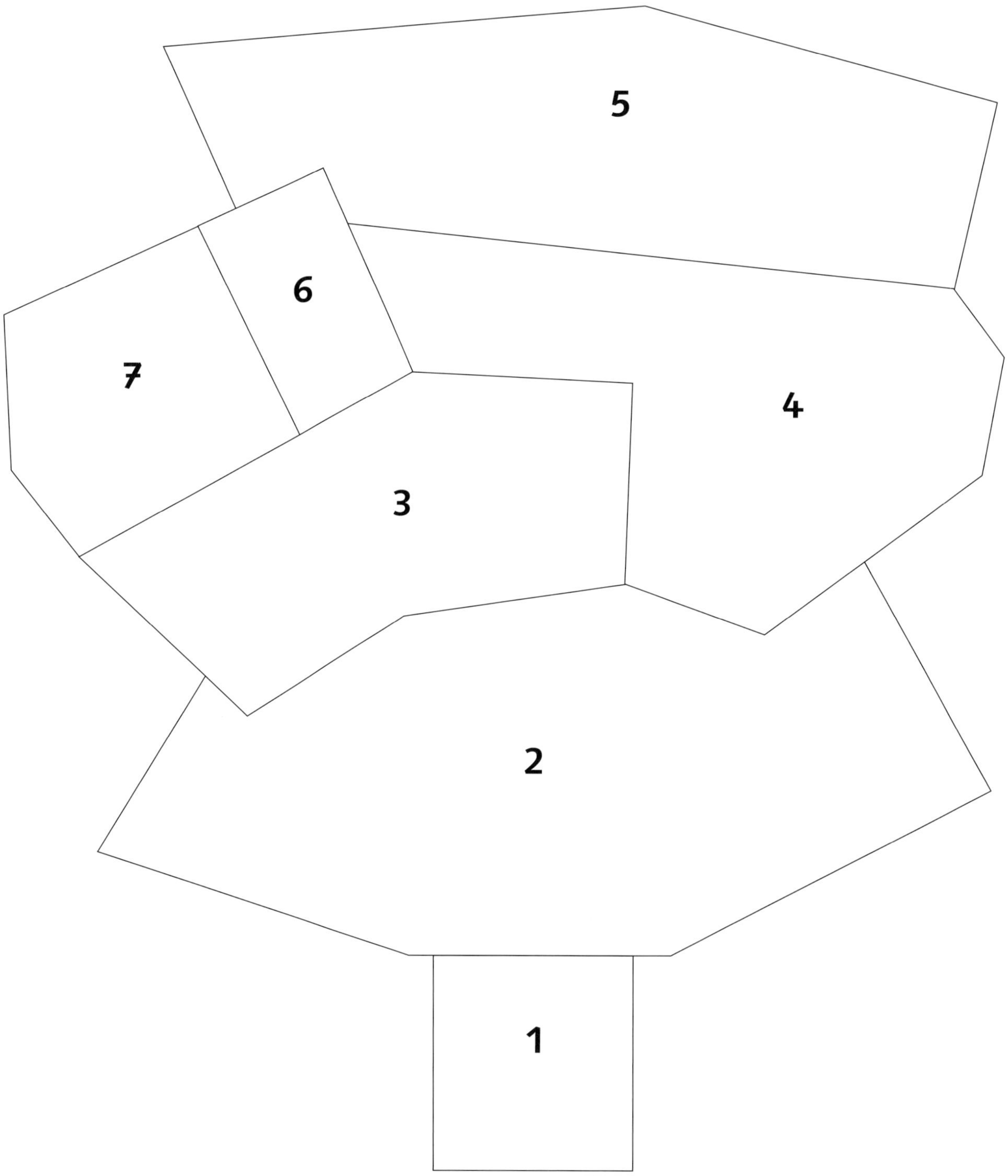

## Das Sinfonieorchester

5

6

7

4

3

2

1

# Das Sinfonieorchester – Instrumentengruppen (1/2)

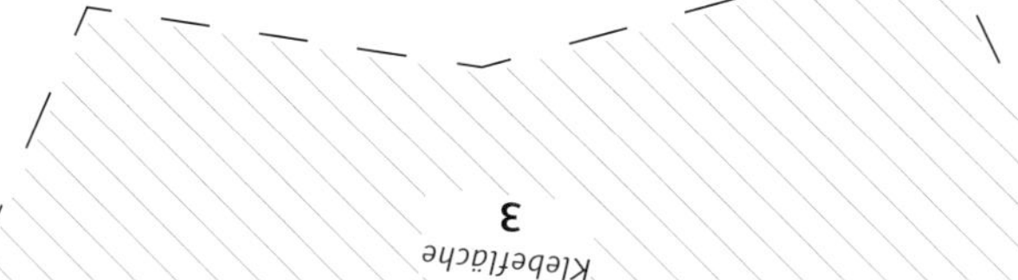


**Dirigent:**

① Schneide die Vorlage aus. Falte abwechselnd vor und zurück. Klebe den Dirigenten auf Feld Nr. 1 im Klebeplan.

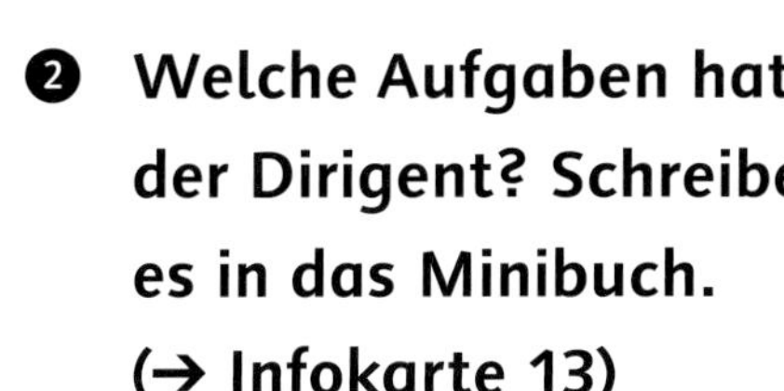

❷ **Welche Aufgaben hat der Dirigent? Schreibe es in das Minibuch. (→ Infokarte 13)**

**Instrumente:**

③ Schneide alle Vorlagen aus. Falte sie in der Mitte und klebe sie an die richtige Stelle auf dem Klebeplan.

# Das Sinfonieorchester – Instrumentengruppen (2/2)

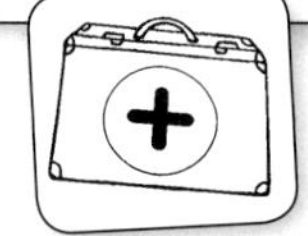

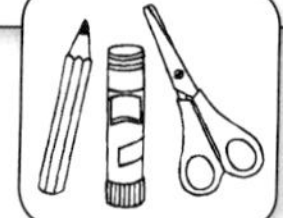

❹ **Male jede Instrumentengruppe mit einer anderen Farbe an.**

❺ **Schreibe in die Klappen, wie die Instrumentengruppen heißen und welche Instrumente dazugehören (→ Infokarte 13).**

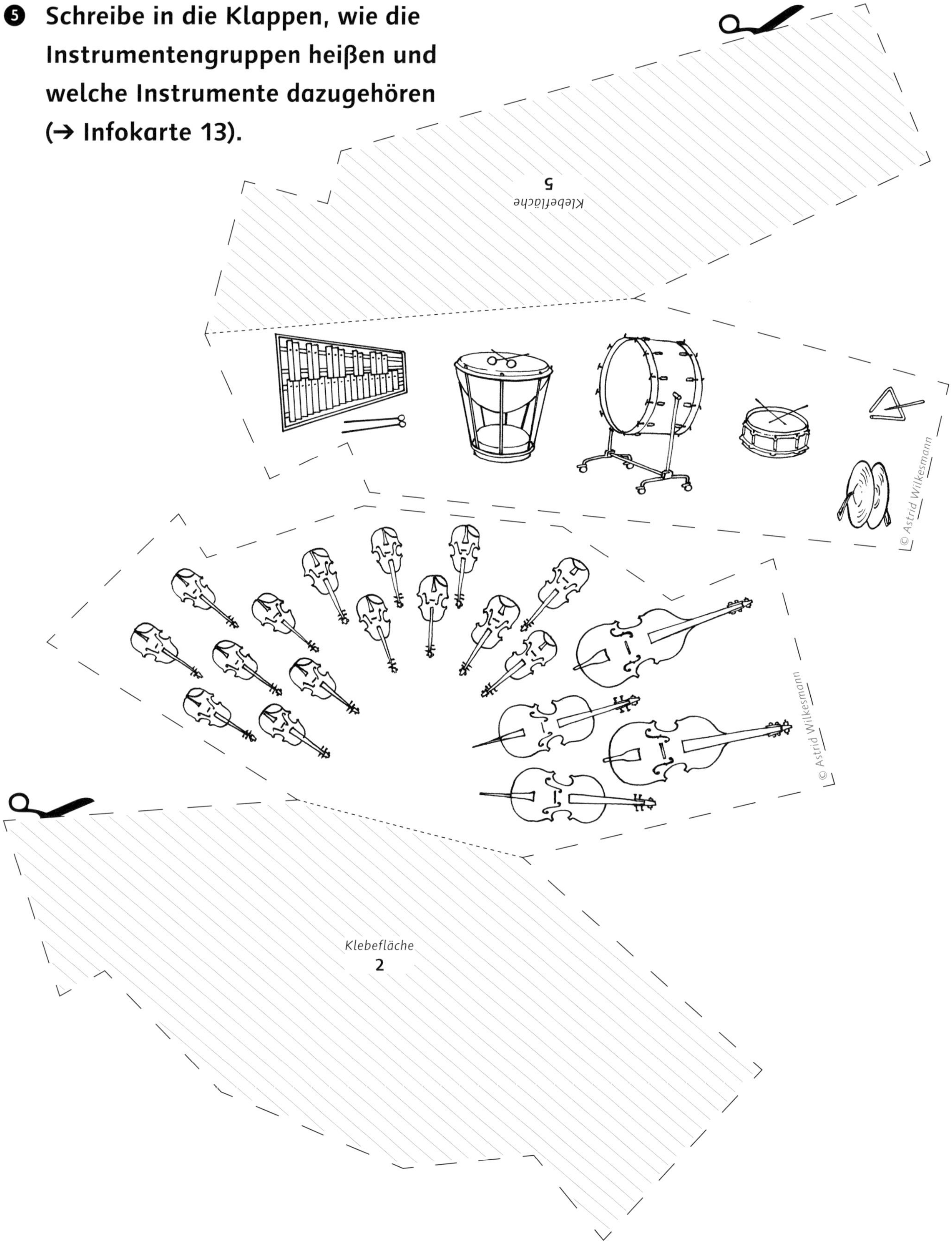
Klebefläche
5
© Astrid Wilkesmann
© Astrid Wilkesmann
Klebefläche
2

© Verlag an der Ruhr | Autorin: Doreen Blumhagen | Illustrationen Icons: Anja Boretzki | ISBN 978-3-8346-4165-6 | www.verlagruhr.de

# Berühmte Komponisten

Klebefläche Lapbook

© Anja Boretzki

Klebefläche Lapbook

© Anja Boretzki

Klebefläche Lapbook

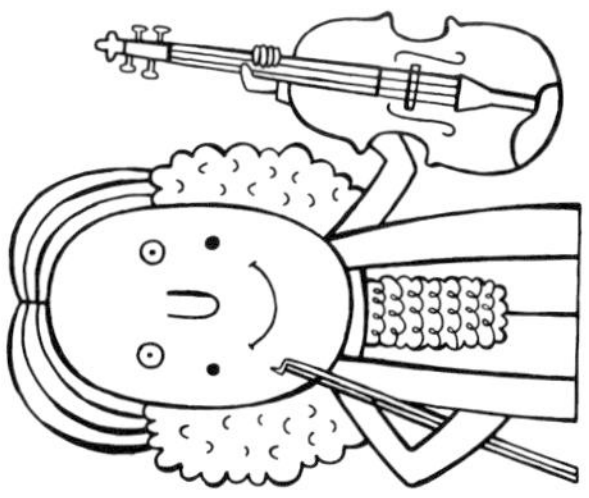

© Anja Boretzki

Klebefläche Lapbook

① Schneide die Vorlagen aus.

② Falte erst die Bilder nach hinten. Falte die kleine Klappe darüber.

❸ **Informiere dich über die Komponisten Wolfgang Amadeus Mozart, Antonio Vivaldi und Carl Orff (→ Infokarten 12 und 14–16).**

❹ **Welche Komponisten siehst du auf den Minibüchern? Schreibe ihre Namen unter die Bilder.**

❺ **Schreibe in die Bücher Informationen zu den Komponisten, zum Beispiel Lebensdaten, berühmte Werke …**

❻ **Du kennst weitere Komponisten? Nutze das leere Minibuch.**

⑦ Klebe die Minibücher mit den Klebeflächen auf dein Lapbook.

# Mein Komponisten-Steckbrief

① Schneide die Vorlagen aus.

Klebe hier ein Bild des Komponisten auf.

Hier 1. Seite ankleben

② Klebe die Seiten aufeinander. Die kleinen Klappen liegen oben.

❸ **Wähle dir einen Komponisten aus. Suche im Internet oder in Büchern nach Informationen. Du kannst auch die Infokarten 14–18 nutzen.**

❹ **Schreibe die gesuchten Informationen unter die Klappen.**

❺ **Klebe ein Bild des Komponisten auf.**

⑥ Klebe das Minibuch mit der Rückseite auf dein Lapbook.

**Mein Komponisten-Steckbrief**

**Name**

**Geburtstag**

**Todestag**

**Wohnort/Land**

**Familie**

**Mein Lieblings-musikstück**

**Interessantes**

# Mini-Lapbook Komponisten (1/3)

## Wichtige Lebensstationen

Klebefläche Klebefläche Klebefläche

Klebefläche Klebefläche Klebefläche

Klebefläche Klebefläche Klebefläche

Klebefläche Klebefläche Klebefläche

① Falte die Klebefächen zur Mitte.

❷ **Schreibe auf jede Klappe eine Jahreszahl zu einem wichtigen Ereignis im Leben des Komponisten (zum Beispiel Geburt, Hochzeit, 1. Musikstück, 1. Konzert, Tod). Schreibe das Ereignis kurz auf die Rückseite.**

③ Klebe die Klappen in der richtigen Reihenfolge auf eine Wollschnur. Befestige die Schnur mit Klebeband in deinem Lapbook.

## Kindheit und Jugend

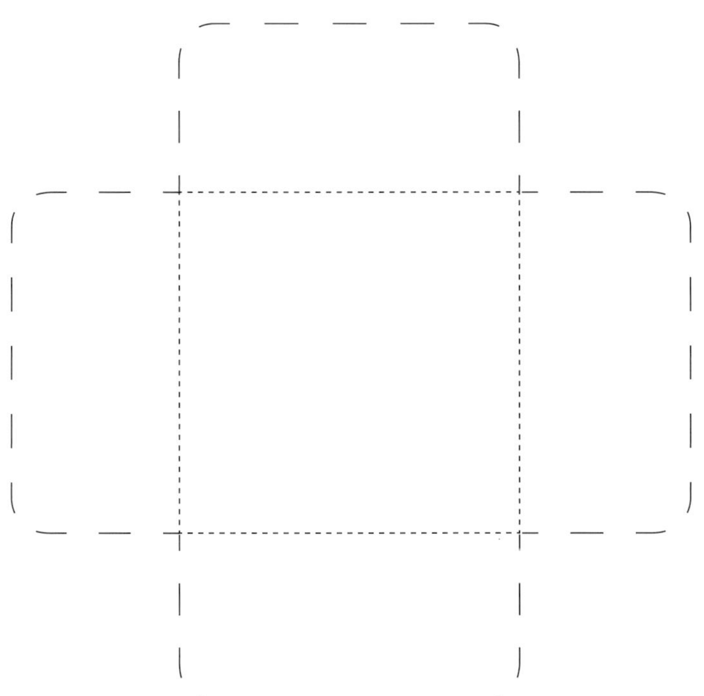

① Falte alle Klappen nacheinander nach hinten.

❷ **Finde etwas über die Kindheit und Jugend des Komponisten heraus. Schreibe es in das Minibuch, zum Beispiel Familie, Schule, gelernte Instrumente, Freunde …**

③ Klebe das Minibuch mit der Rückseite auf dein Lapbook. Stecke zum Verschließen die letzte unter die erste Klappe.

 | ISBN 978-3-8346-4165-6 | www.verlagruhr.de

# Mini-Lapbook Komponisten (2/3)

## Bekannte Musikstücke

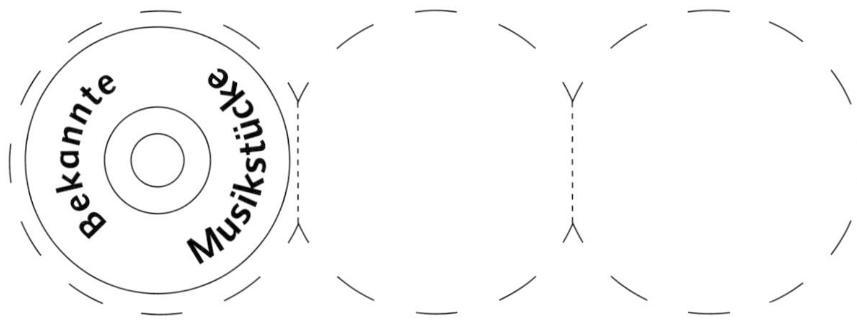


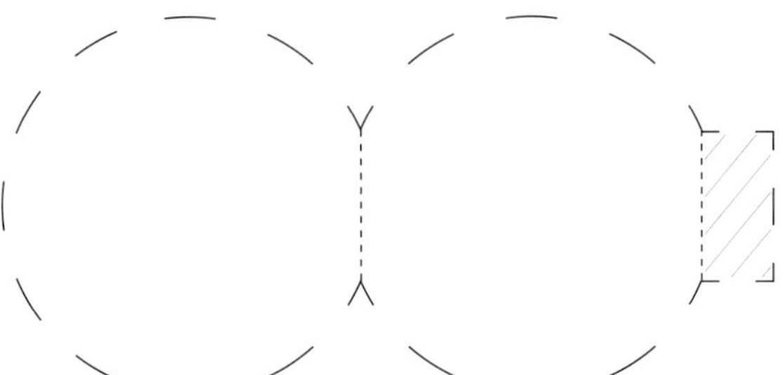

① Schneide die Vorlage aus. Klebe sie an der Klebefläche zusammen.

② Falte immer abwechselnd nach vorn und zurück. Beginne bei der CD.

❸ **Schreibe auf jeden Kreis Namen von bekannten Musikstücken des Komponisten.**

④ Klebe das Minibuch mit der Rückseite auf dein Lapbook.

## Ein wichtiges Musikstück

① Schneide die Vorlage aus. Falte die Klappen zur Mitte.

❷ **Stelle ein bekanntes Musikstück des Komponisten genauer vor.**
- **Schreibe den Titel auf das geschlossene Minibuch und gestalte es passend.**
- **Schreibe in das Minibuch Informationen zu diesem Musikstück. Zum Beispiel Enstehungsgeschichte, Uraufführung, Instrumente, Inhalt, Liedtext ...).**

③ Klebe das Minibuch mit der Rückseite auf dein Lapbook.

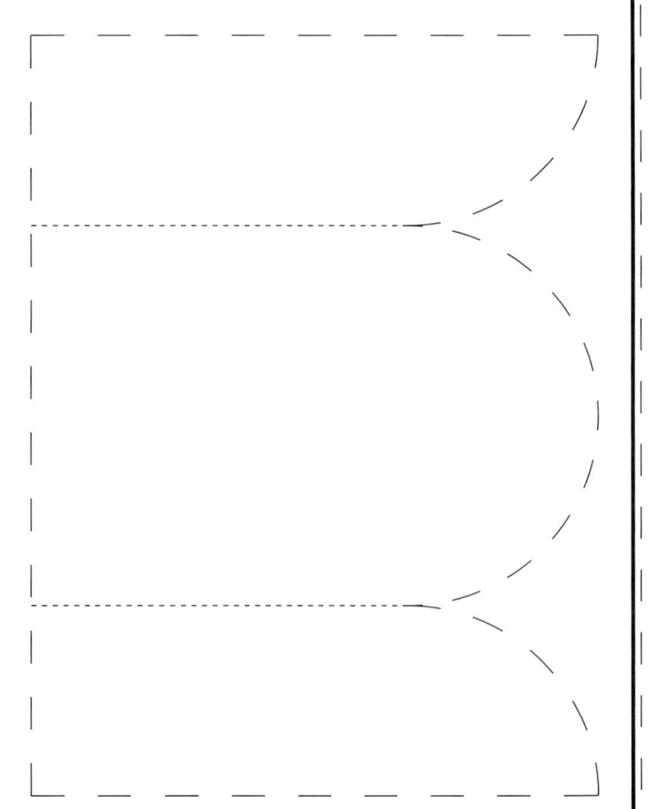

# Mini-Lapbook Komponisten (3/3)

## Wichtige Orte

① Lege den Kreis auf den Globus.
Verbinde beides mit einer Musterbeutelklammer.

❷ **Wähle dir eine Frage aus. Schreibe sie auf den Kreis und beantworte sie im Globus.**
- **In welchen Ländern ist/war der Komponist bekannt?**
- **Wo hat der Komponist gelebt?**
- **Wohin ist er gereist?**

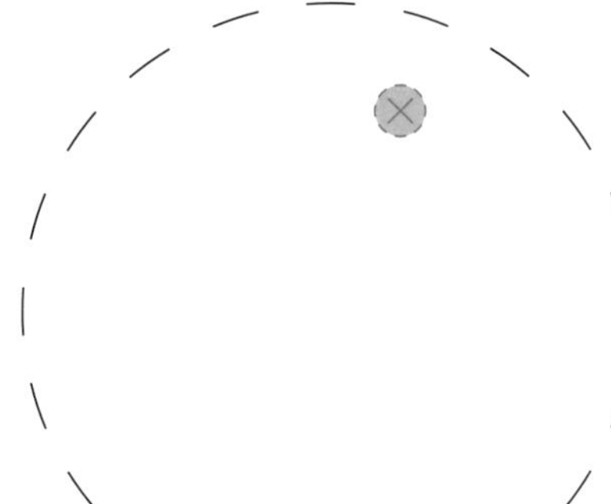

③ Klebe das Minibuch mit der Klebefläche auf dein Lapbook.

© Anja Boretzki

## Das gefällt mir …

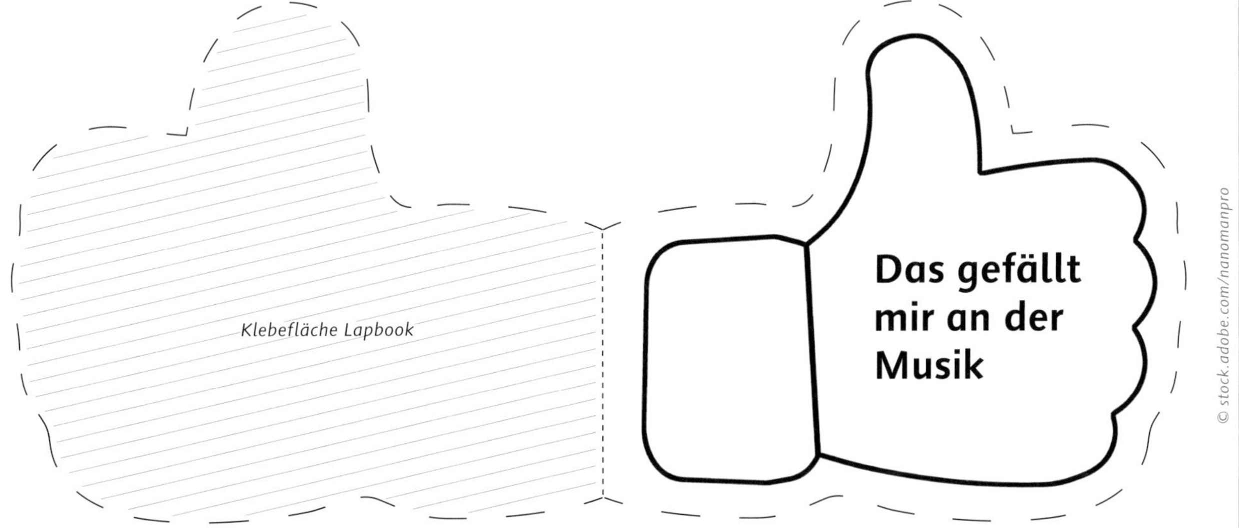


© stock.adobe.com/nanomanpro

① Schneide die Vorlage aus und falte sie in der Mitte.

❷ **Was gefällt dir an der Musik des Komponisten? Schreibe es in das Minibuch.**

③ Klebe die Klappe mit der Rückseite auf dein Lapbook.

# Vorhang auf! Bühne (1/2)

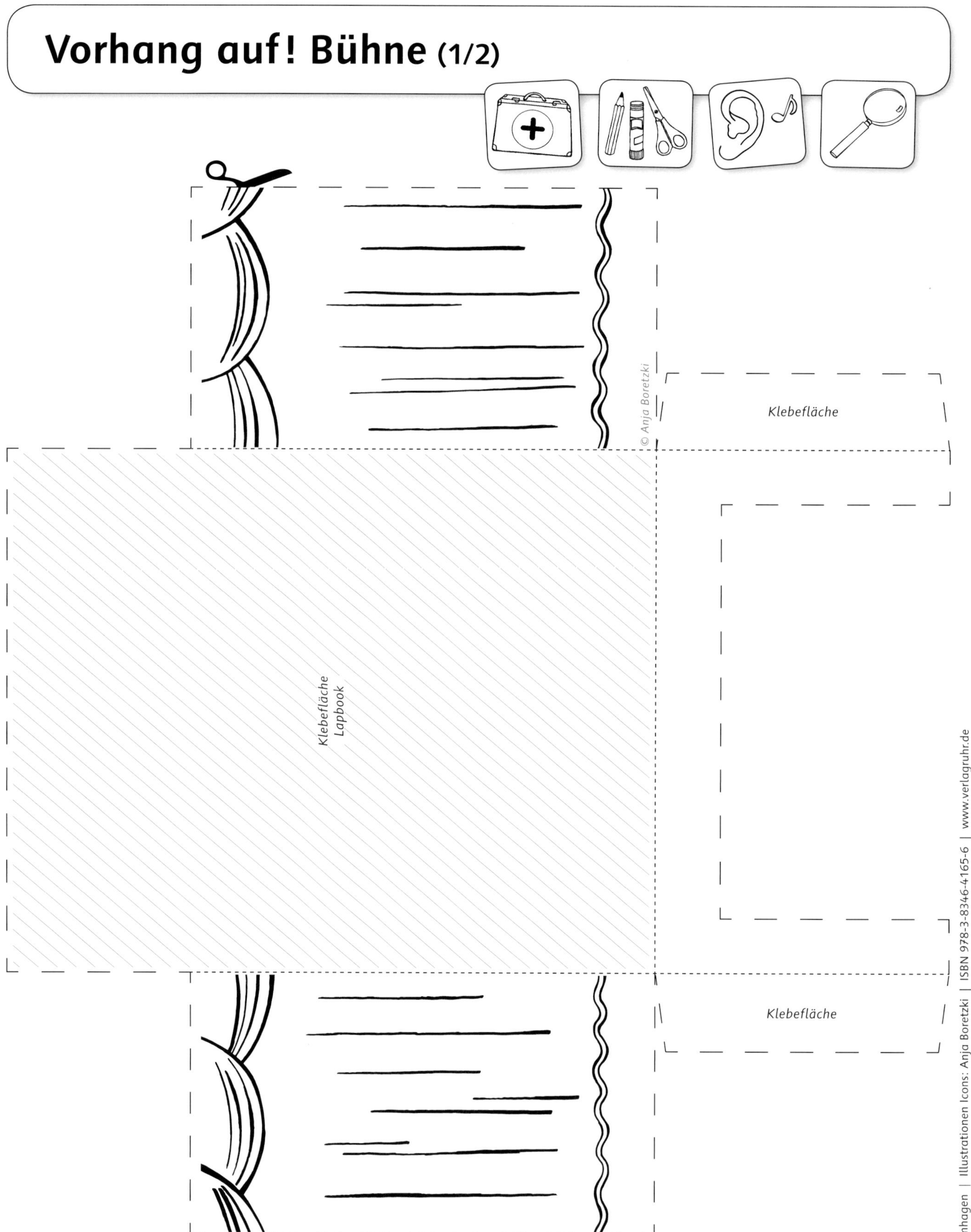


Gestalte eine Bühne mit Bildkarten zu einem Musikstück, das auf einer Bühne aufgeführt wird, zum Beispiel „Die Zauberflöte" **(→ Infokarte 16 a und b)**.

**Bühne:**

① Schneide die Bühnenvorlage aus.

② Falte die kleinen Klebeflächen nach hinten.

© Verlag an der Ruhr | Autorin: Doreen Blumhagen | Illustrationen Icons: Anja Boretzki | ISBN 978-3-8346-4165-6 | www.verlagruhr.de

# Vorhang auf! Bühne (2/2)

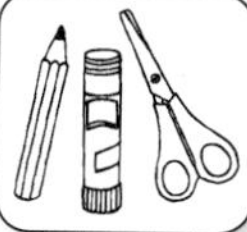

③ Falte die Klappe nach hinten und klebe sie auf der Rückseite fest.

④ Falte die großen Seitenklappen zur Mitte, sodass der Vorhang geschlossen ist.

**❺ Wie heißt das Musikstück? Schreibe es über den geschlossenen Vorhang.**

**❻ Wie heißen die Hauptpersonen des Stückes? Schreibe es in die Seitenklappen.**

⑦ Klebe die Bühne mit der Klebefläche auf dein Lapbook.

**Bildkarten:**

⑧ Schneide die Karten aus.

**❾ Wähle dir 3 wichtige Szenen aus dem Bühnenstück.**

**Tipp:** Du kannst auch weitere Karten ausschneiden.

**❿ Schreibe den Inhalt jeder Szene auf eine Karte. Ergänze auch Instrumente oder Besonderheiten, die zu hören sind.**

⑪ Stecke deine Bildkarten in die Bühne.

# Programm-Musik

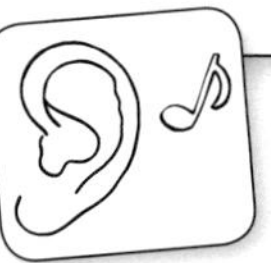

## Programm-Musik

Musikstück:

Komponist:

**Was ist Programm-Musik?**

Klebefläche (Seite 2)

**Inhalt:**

Klebefläche (Seite 3)

Klebefläche (Seite 4)

Klebefläche (Seite 5)

① Schneide die Seiten aus und klebe sie an den Klebefächen aufeinander.

❷ **Stelle eine Programm-Musik eines Komponisten vor.**
**Titelseite:** Schreibe den Titel und den Komponisten des Musikstücks auf.
**Seite 2:** Schreibe auf, was eine Programm-Musik ist (➔ Infokarte 17).
**Seite 3:** Was möchte der Komponist mit seiner Musik nachahmen? Schreibe kurz zum Inhalt des Musikstücks.
**Seite 4 und 5:** Gestalte die leeren Seiten zu einzelnen Elementen aus dem Musikstück aus (zum Beispiel Tiere, Personen, Gegenstände, Wetter). Male ein passendes Bild und schreibe auf, mit welchen Instrumenten und Spielweisen der Komponist dieses mit seiner Musik umsetzt. Nutze für jedes Element eine Doppelseite.

③ Klebe das Minibuch mit der Rückseite auf dein Lapbook.

# Musik beschreiben

Musik beschreiben
Musikfächer

(Seite 2)

- ○ langsam
- ○ schnell
- ○ langsamer werdend
- ○ schneller werdend

(Seite 3)

- ○ rhythmisch
- ○ stürmisch
- ○ hart
- ○ aufgeregt
- ○ sanft
- ○ ruhig
- ○ Pause(n)

(Seite 4)

- ○ sehr leise (pianissimo)
- ○ leise (piano)
- ○ sehr laut (fortissimo)
- ○ laut (forte)
- ○ leiser werdend (decrescendo)
- ○ lauter werdend (crescendo)

(Seite 5)

- ○ hoch
- ○ tief
- ○ hell
- ○ dunkel
- ○ strahlend
- ○ spitz
- ○ weich
- ○ überraschend
- ○ einstimmig
- ○ mehrstimmig

(Seite 6)

- ○ wutig/zornig
- ○ fröhlich
- ○ taurig
- ○ langweilig
- ○ ängstlich
- ○ begeistert
- ○ aufgeregt
- ○ romantisch
- ○ träumerisch
- ○ lustig
- ○ schaurig
- ○ spannend
- ○ königlich

(Seite 7)

**Instrumente:**
- ○ Soloinstrument
- ○ Duett
- ○ Terzett
- ○ Quartett
- ○ wenige Instrumente
- ○ Instrumentengruppe
- ○ volles Orchester

**Gesang:**
- ○ Solosänger/in
- ○ mehrere Sänger
- ○ Chor
- ○ Kinderstimme
- ○ Männerstimme
- ○ Frauenstimme

① Schneide die Seiten aus.

② Klebe die Seiten aufeinander.

❸ **Was beschreiben die Wörter bei einem Musikstück? Schreibe auf die Linien:** *Besetzung, Lautstärke, Melodie, Rhythmus, Stimmung, Tempo.*

❹ **Du kennst weitere Wörter, um Musik zu beschreiben? Ergänze.**

⑤ Klebe das Minibuch auf dein Lapbook.

# Ein Musikstück hören und beschreiben

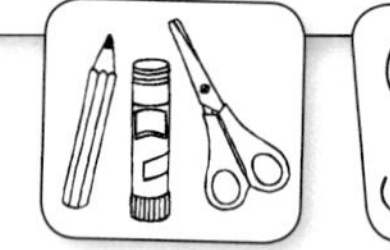

① Schneide beide Kreise aus.
Stich die grauen Punkte durch.

② Lege den kleinen Kreis auf den großen.
Verbinde beide mit einer Musterbeutelklammer.

❸ **Höre dir ein Musikstück an. Beschreibe die Musik. Schreibe dazu in jedes Feld passende Wörter zur Überschrift.**

**Tipp:** Nutze dein Minibuch „Musik beschreiben“ (siehe S. 63)!

❹ **Schreibe den Titel des Musikstücks und den Namen des Komponisten auf den kleinen Kreis.**
**Male passende Bilder zum Musikstück.**

⑤ Klebe den Drehkreis mit der Rückseite auf dein Lapbook.